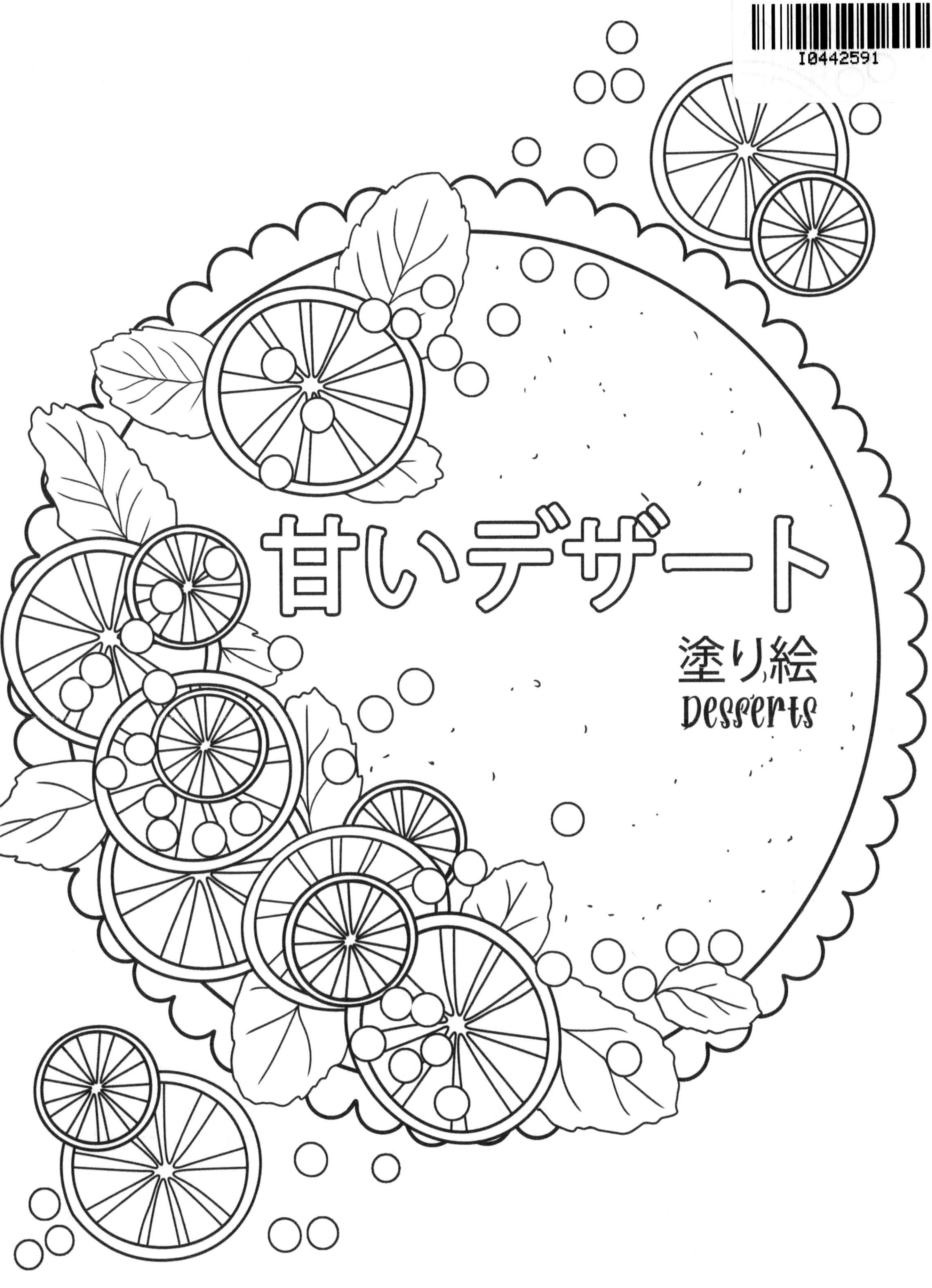

甘いデザート

塗り絵
Desserts

甘いデザートDesserts: 甘いクッキー、カップケーキ、ケーキ、
チョコレート、フルーツ、アイスクリームを使った子供と大人のための塗り絵

ISBN: 9798560035877

カラーリングブックの詳細については、ホームページ
www.coloringbookkim.comをご覧ください

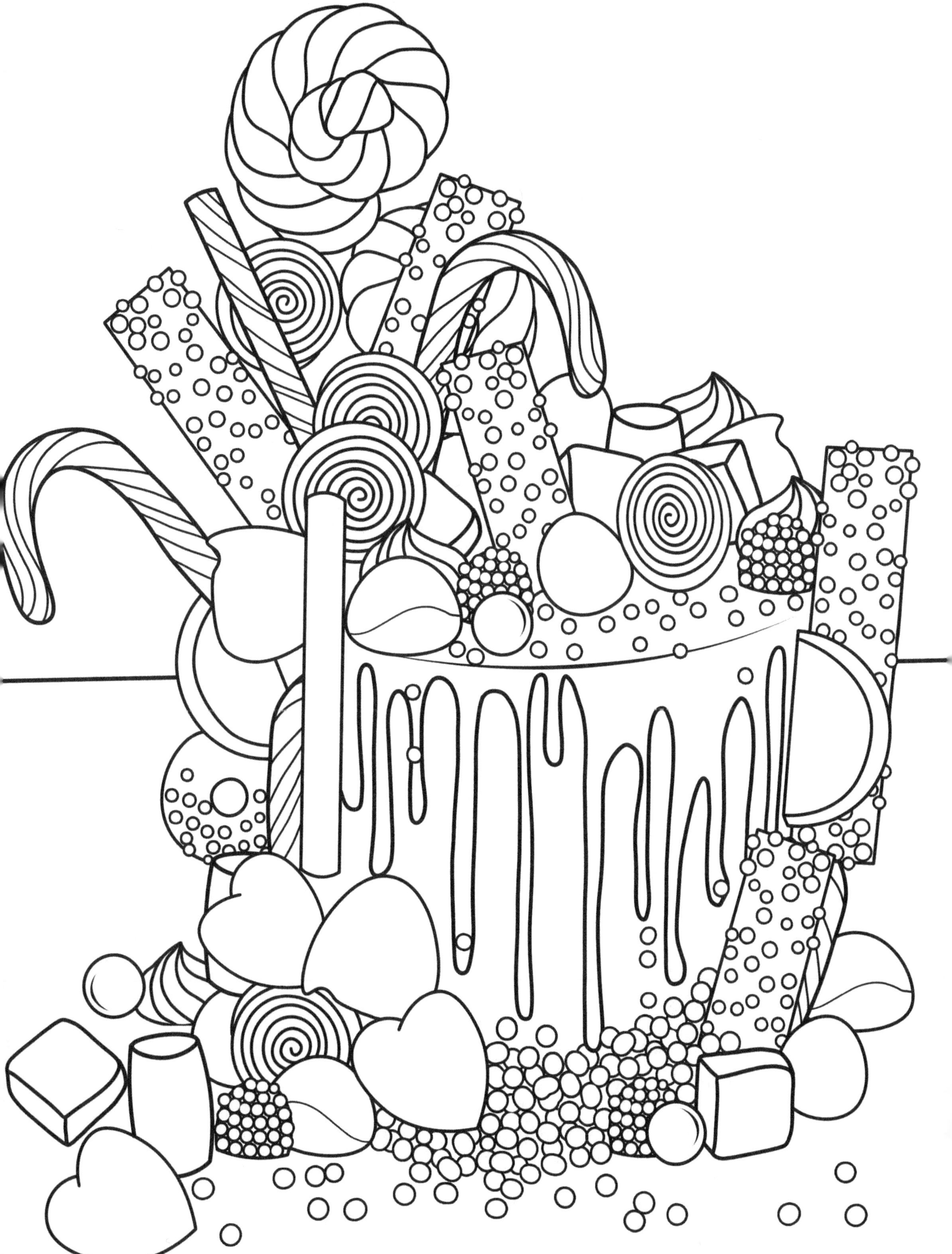

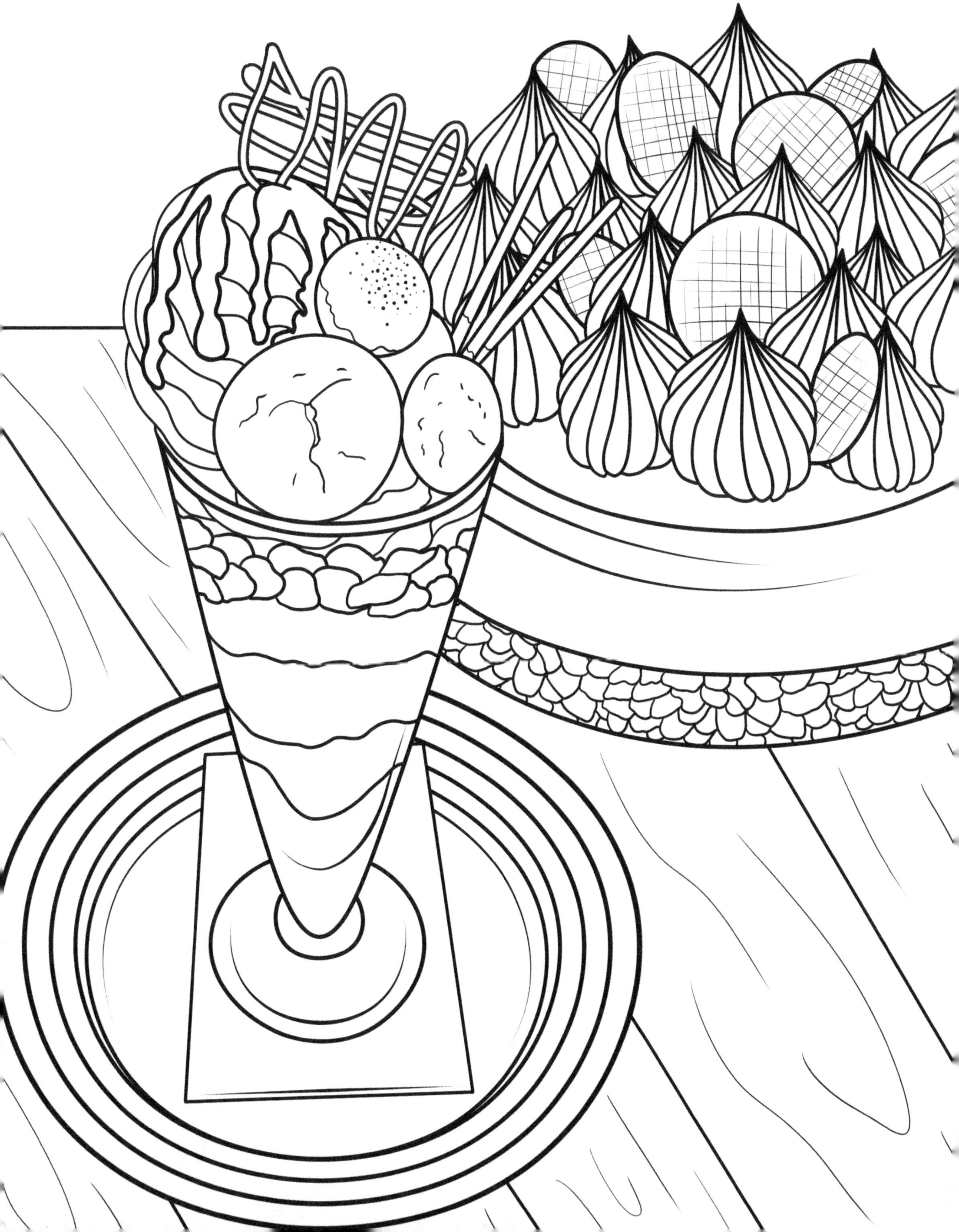

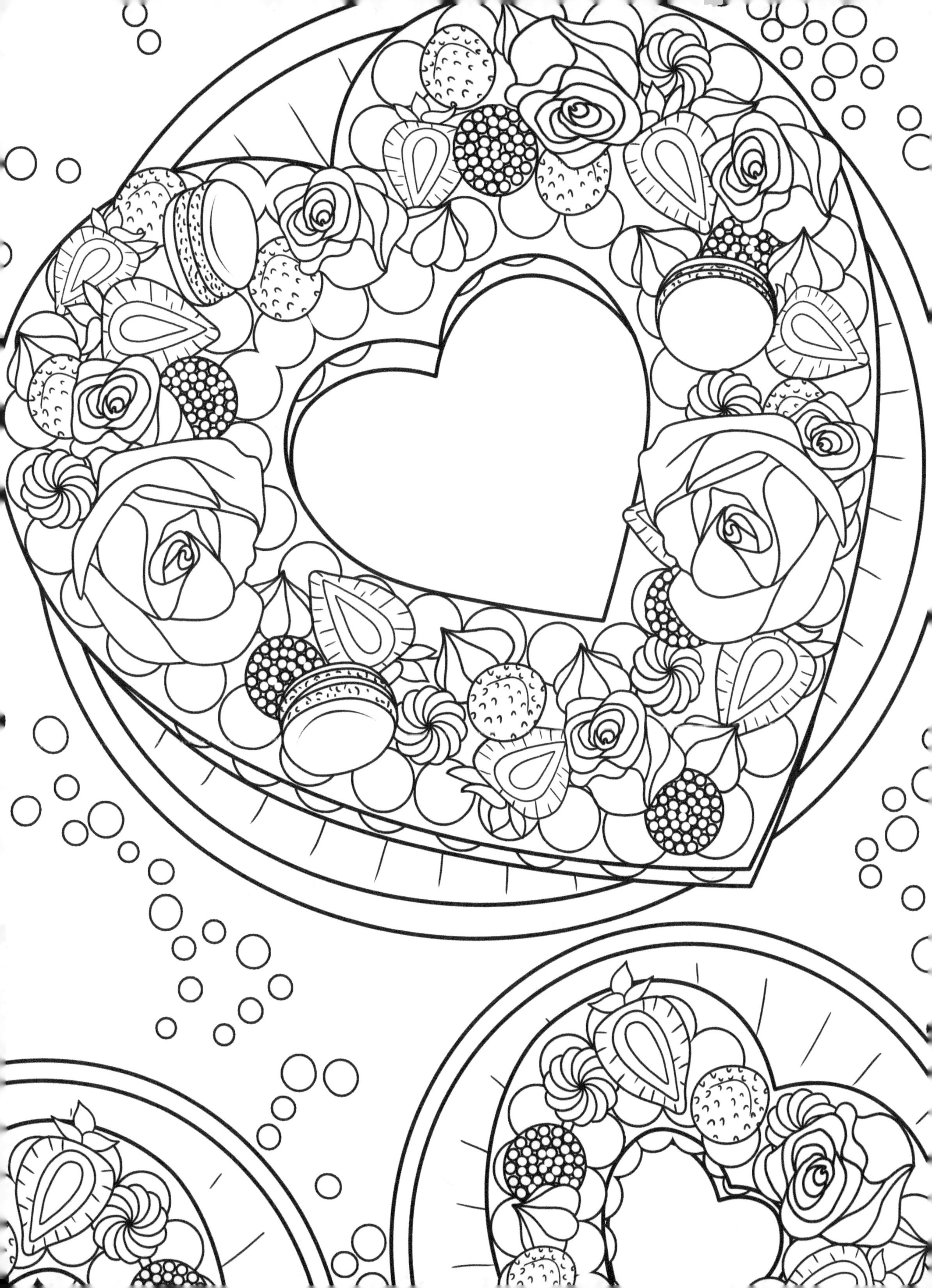

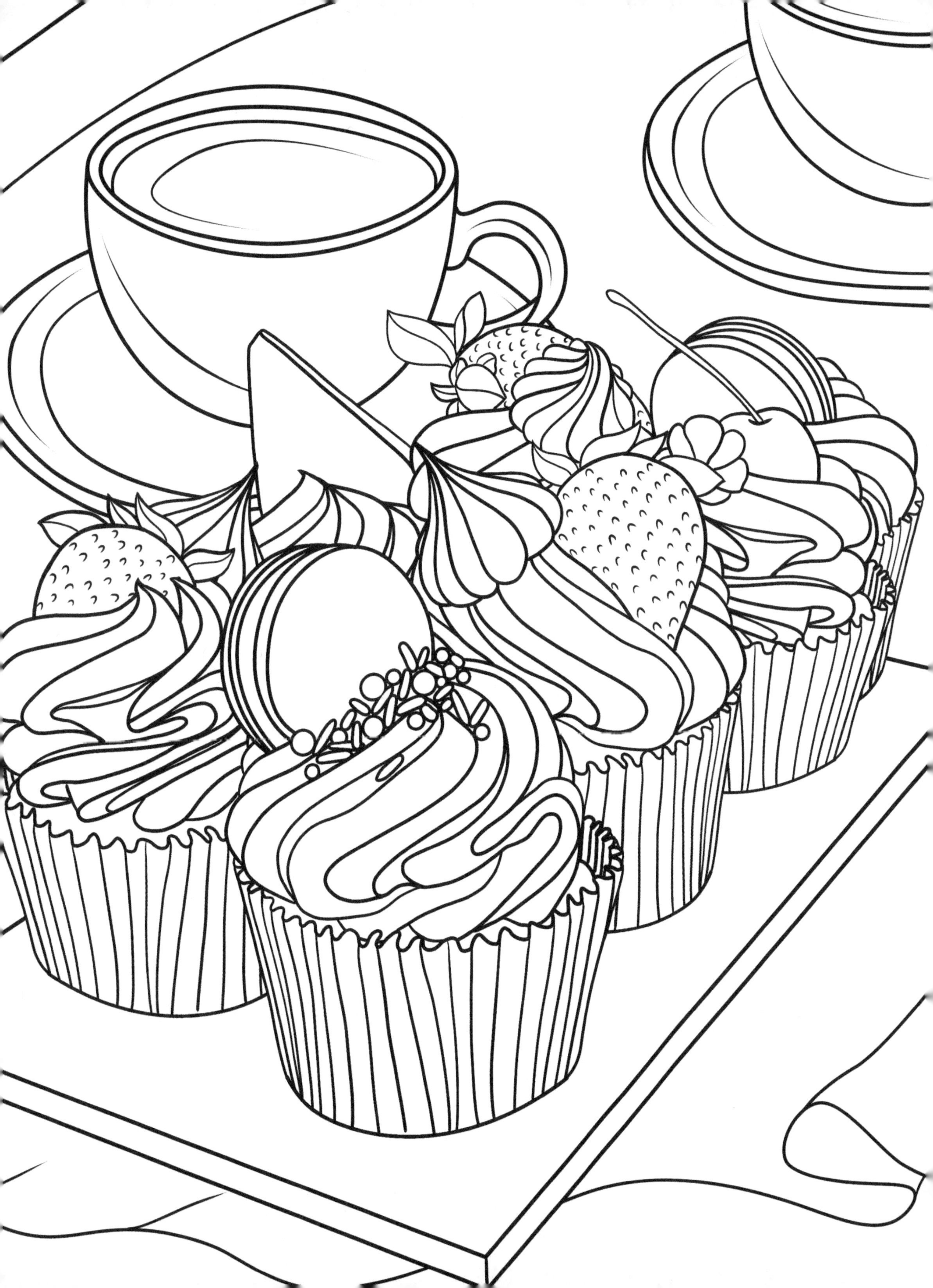

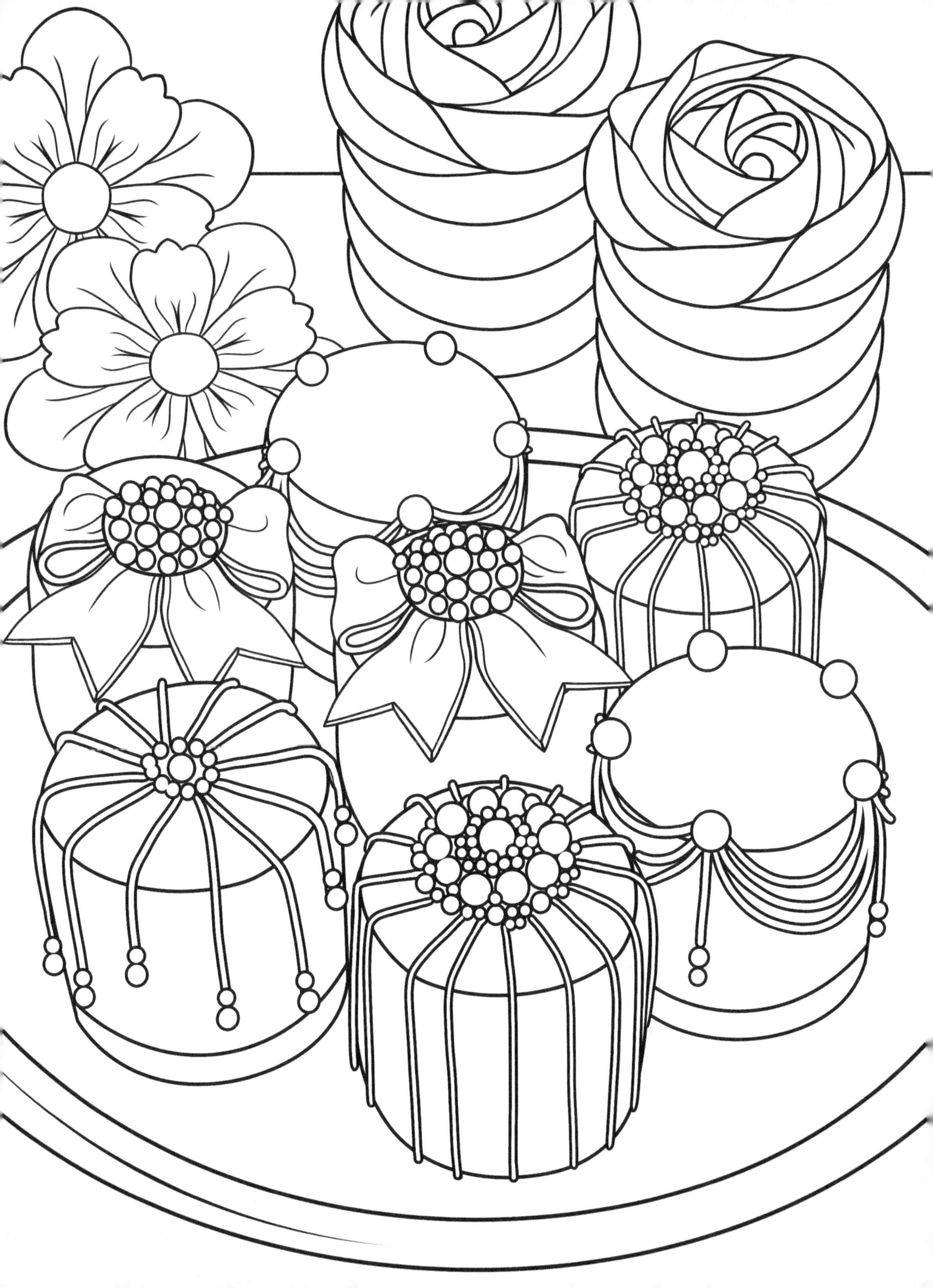

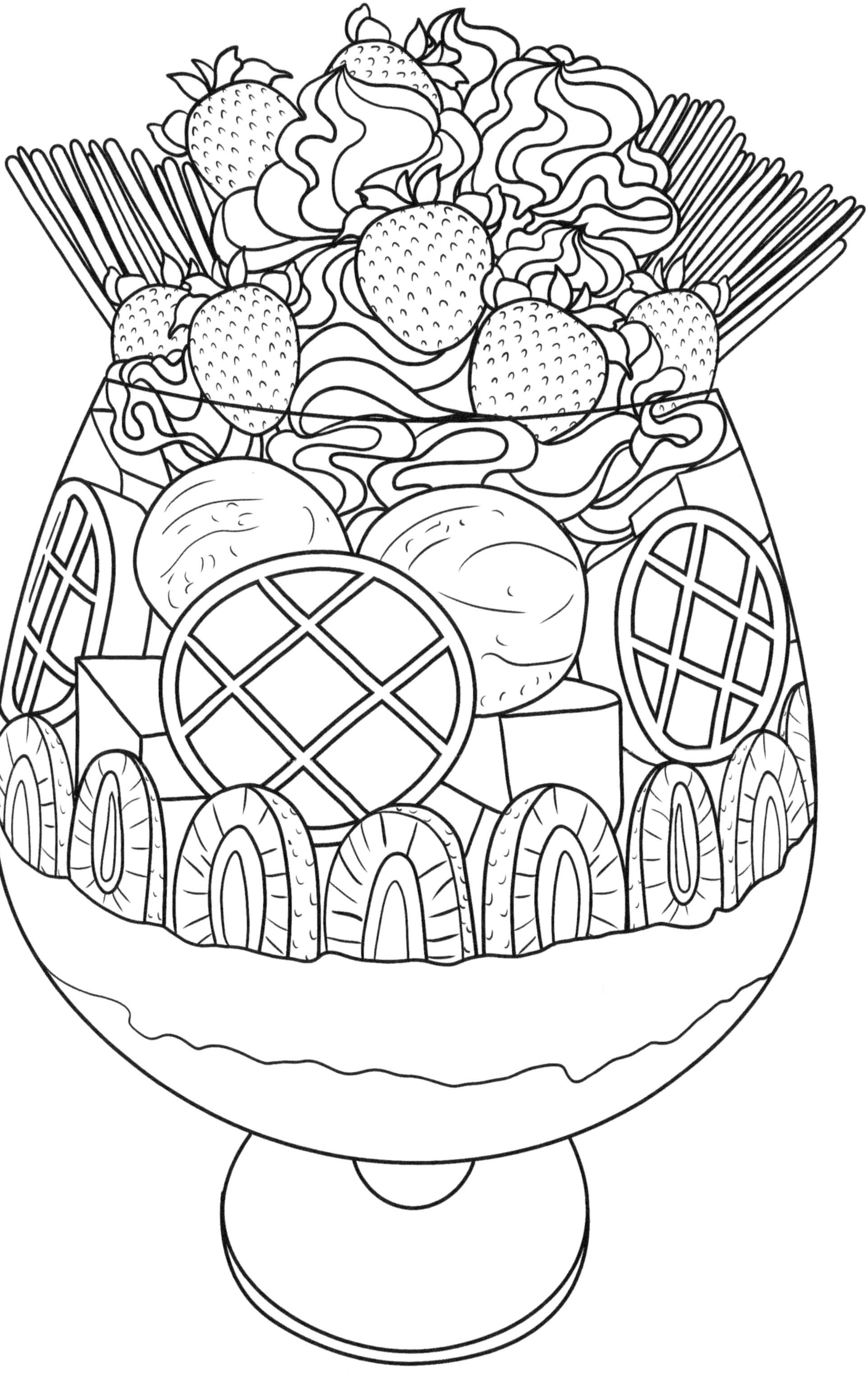

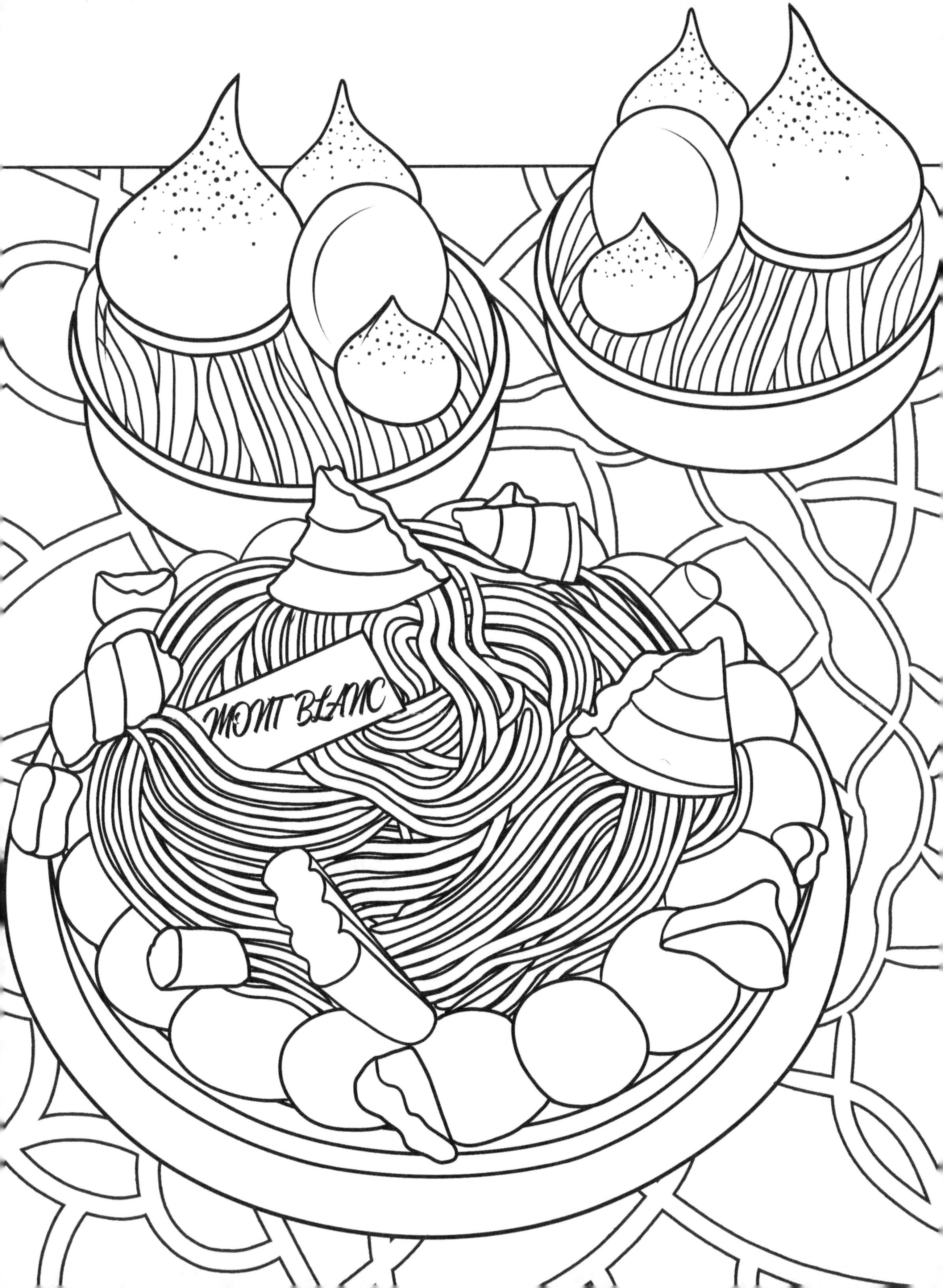
MONT BLANC

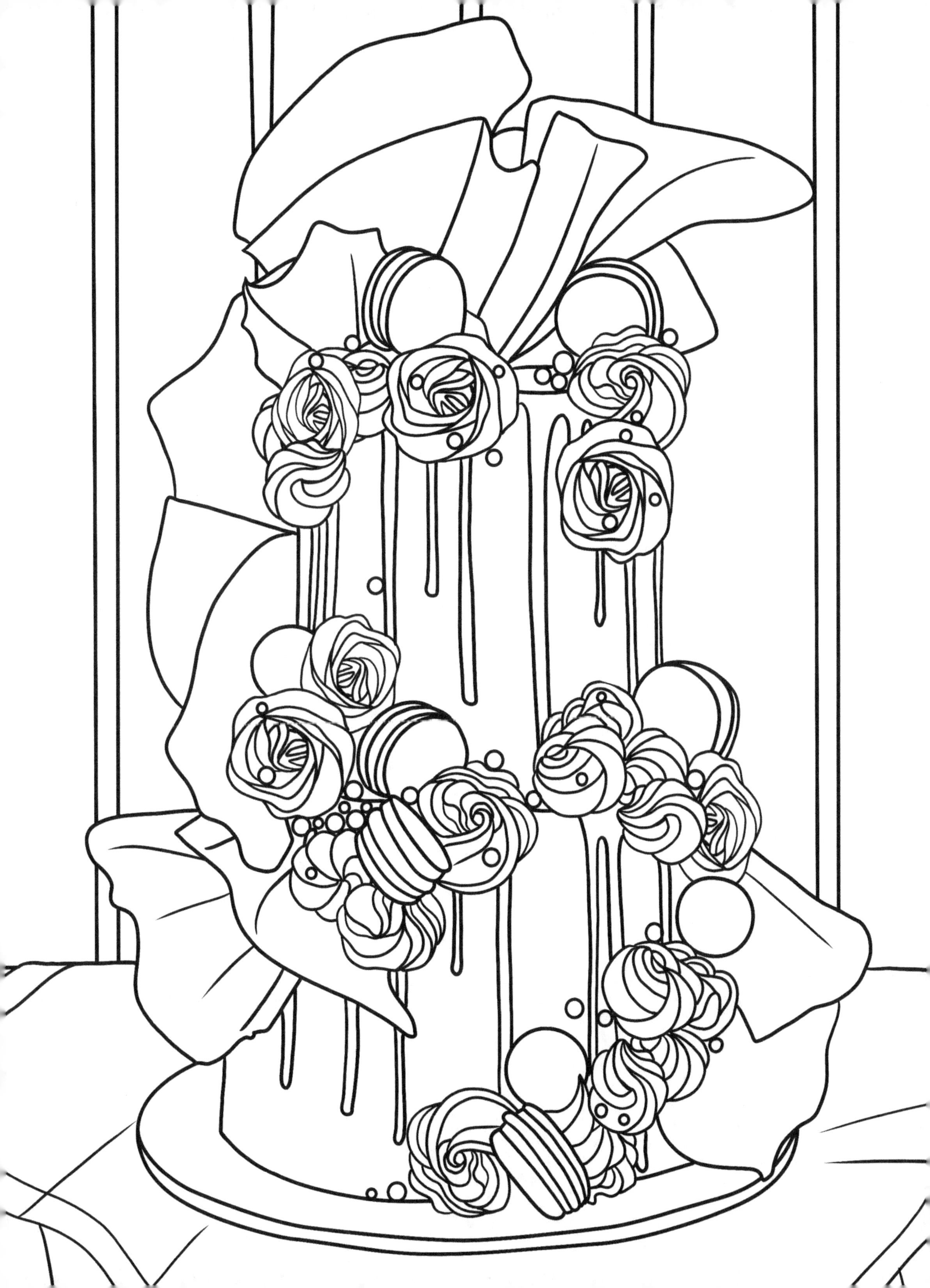

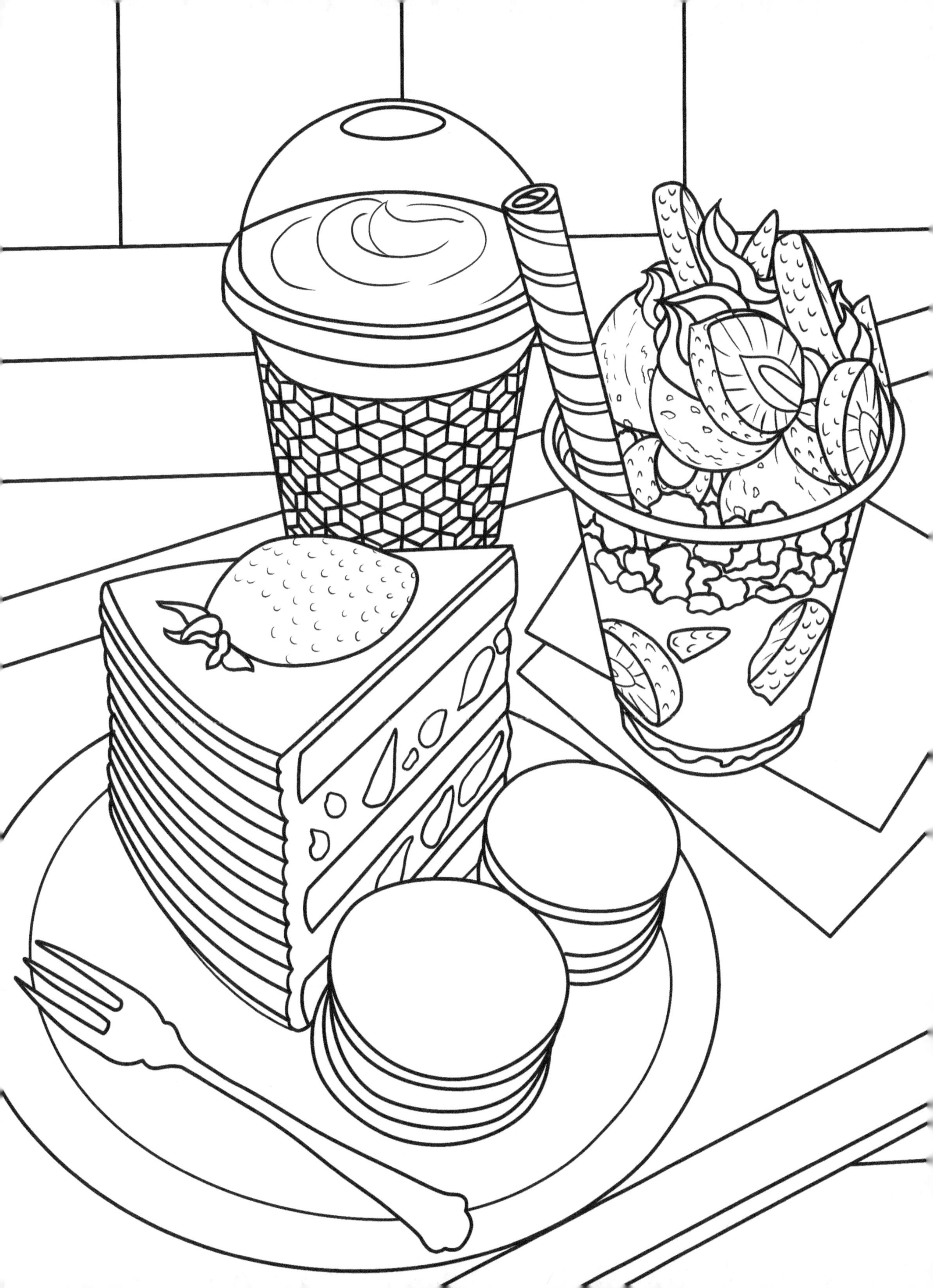

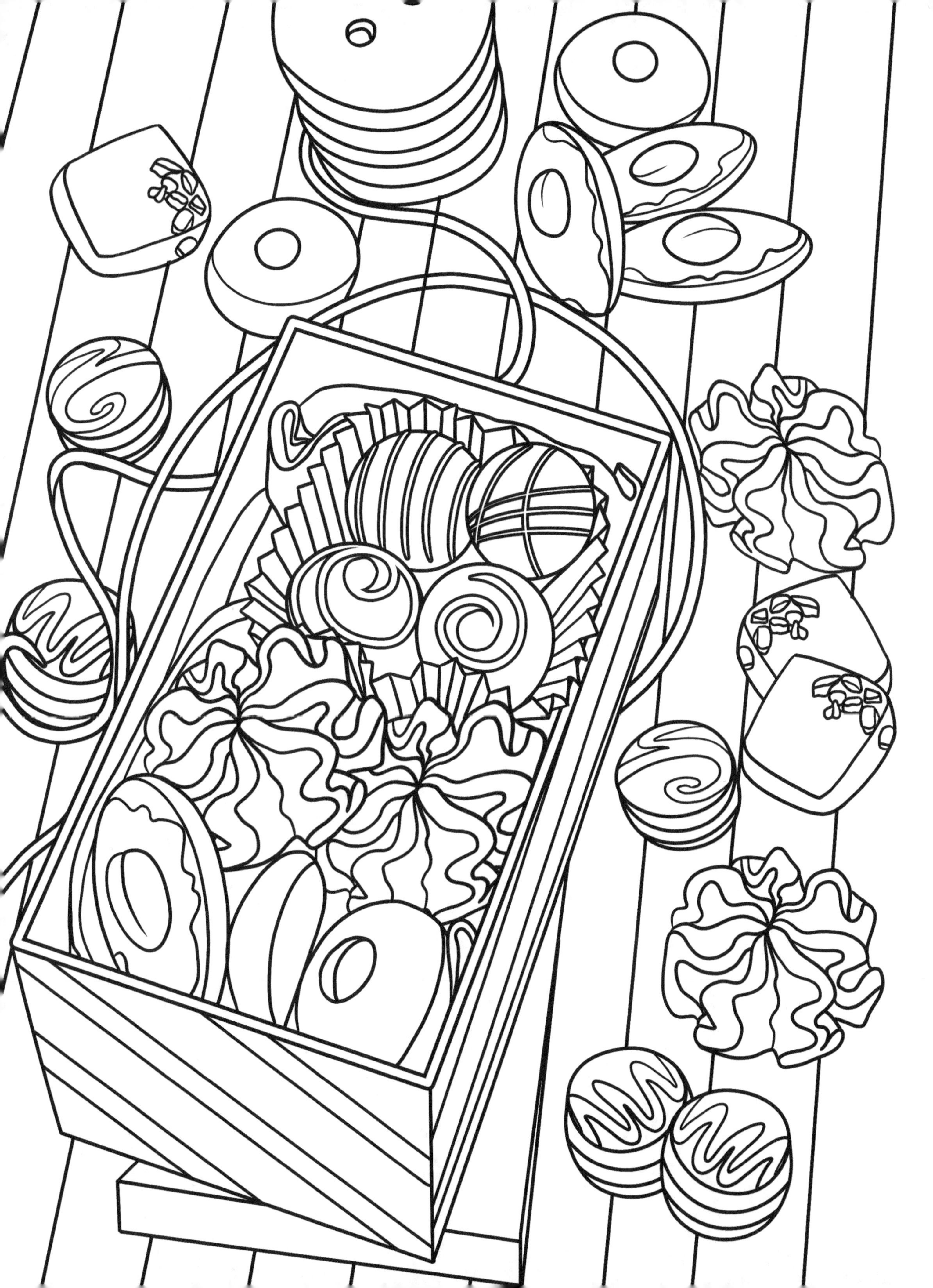

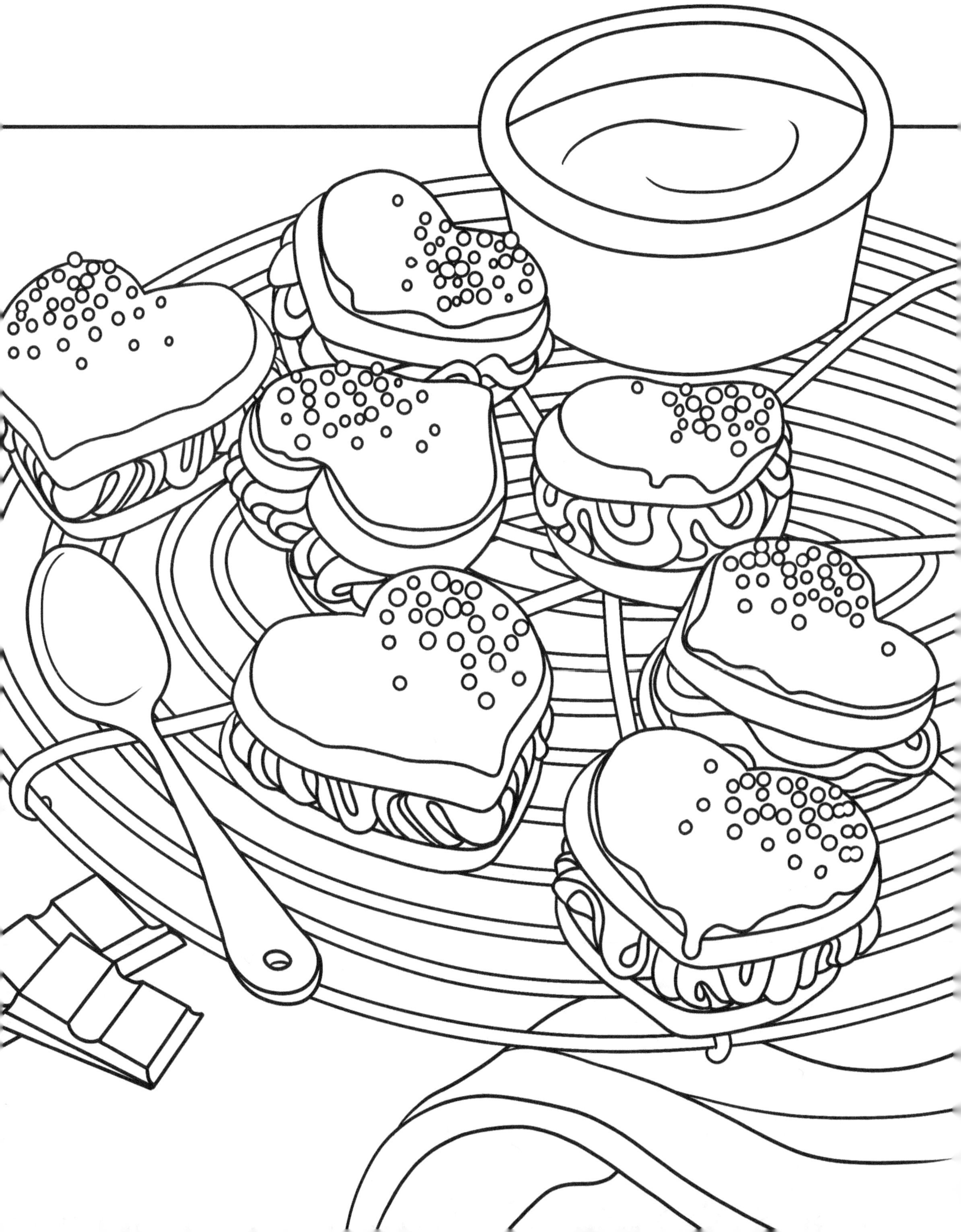

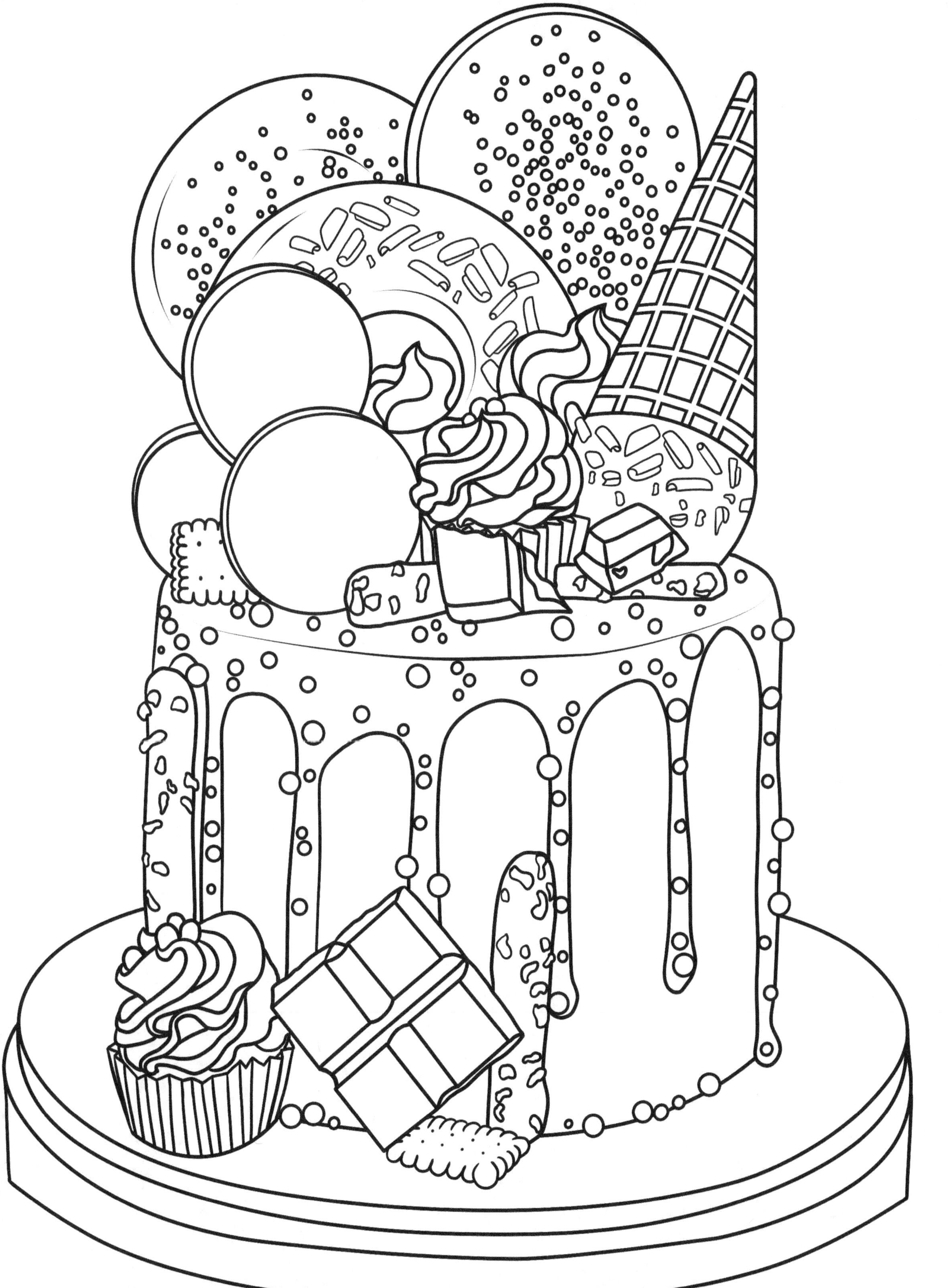

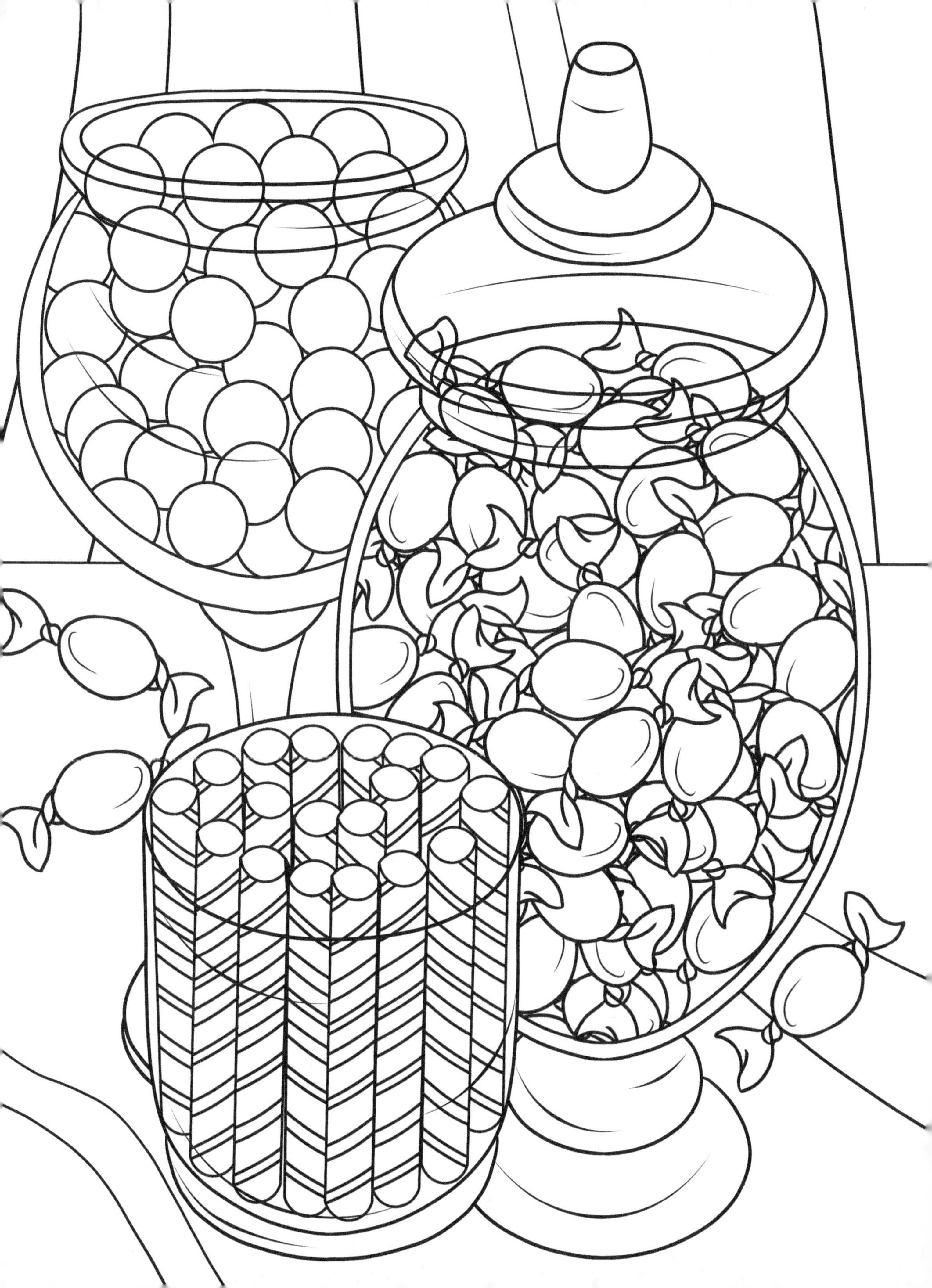

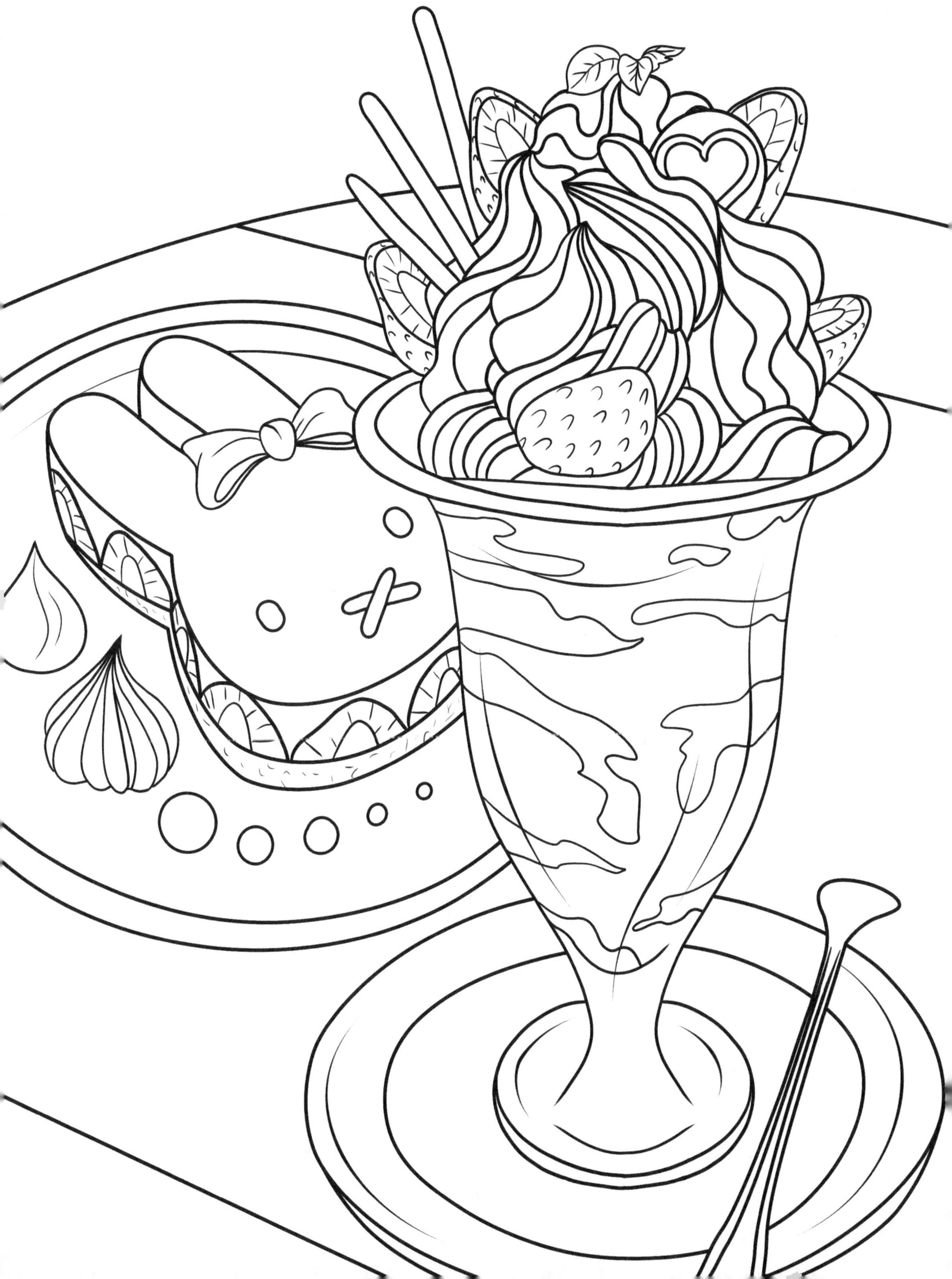

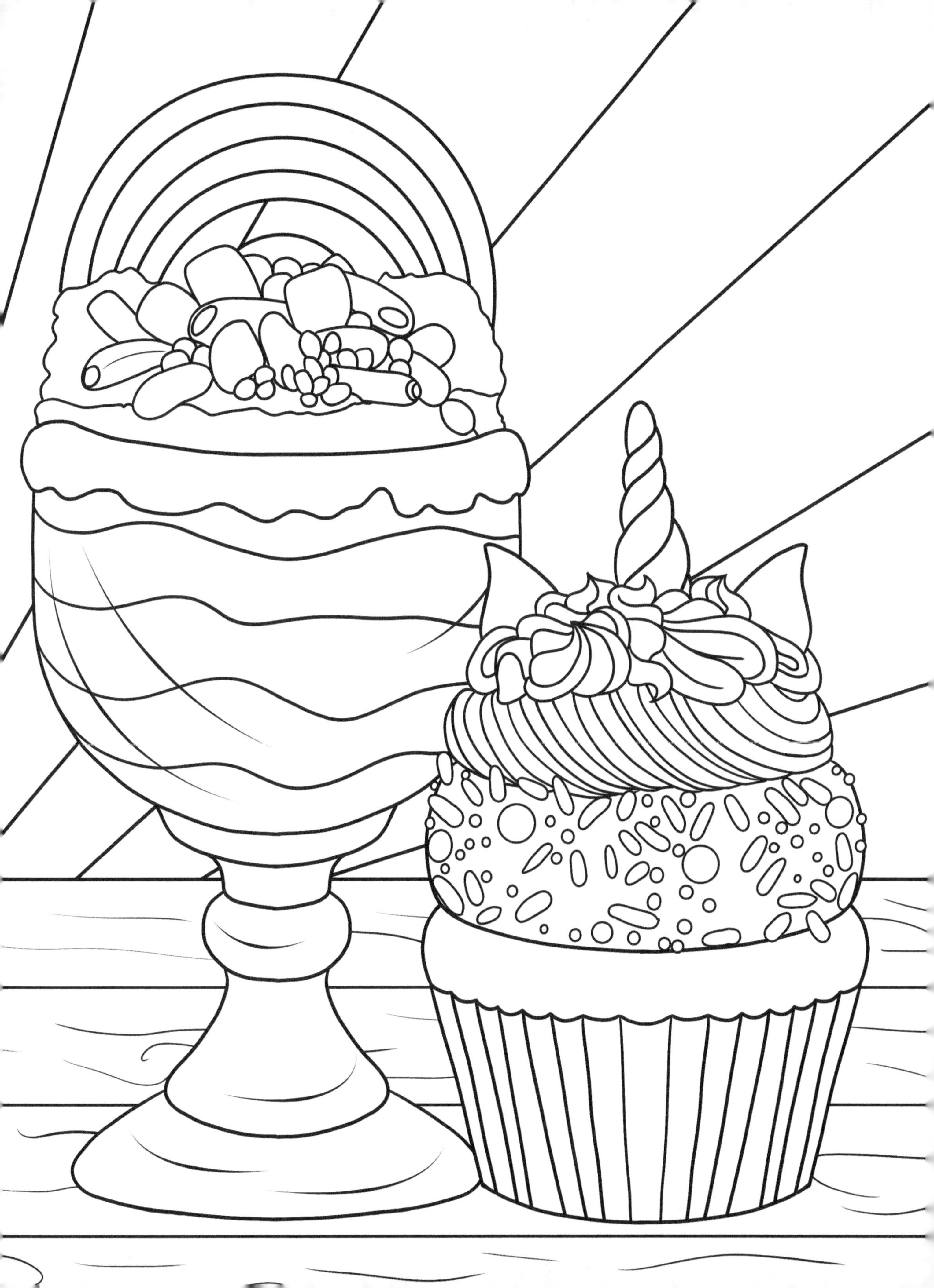

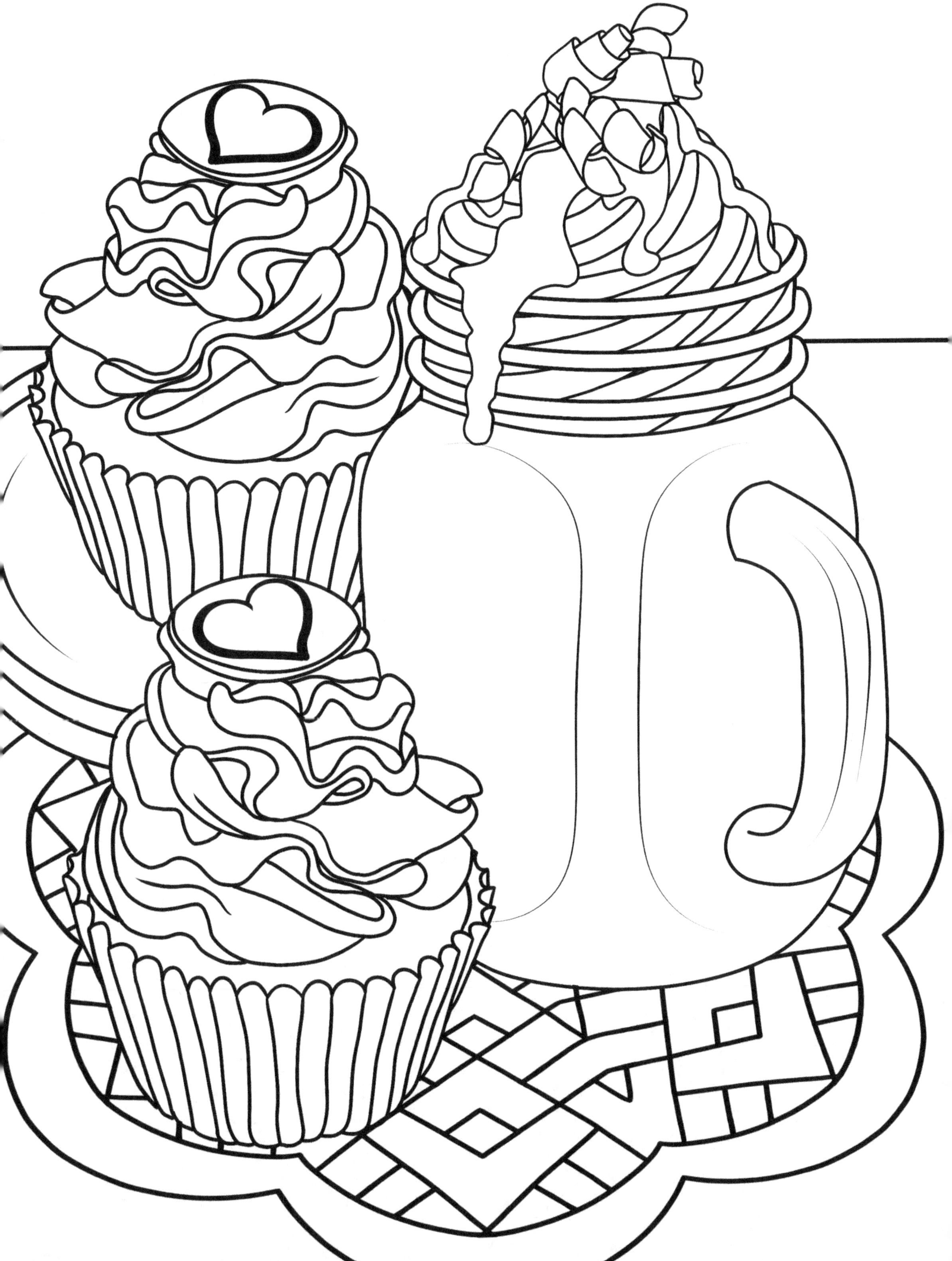

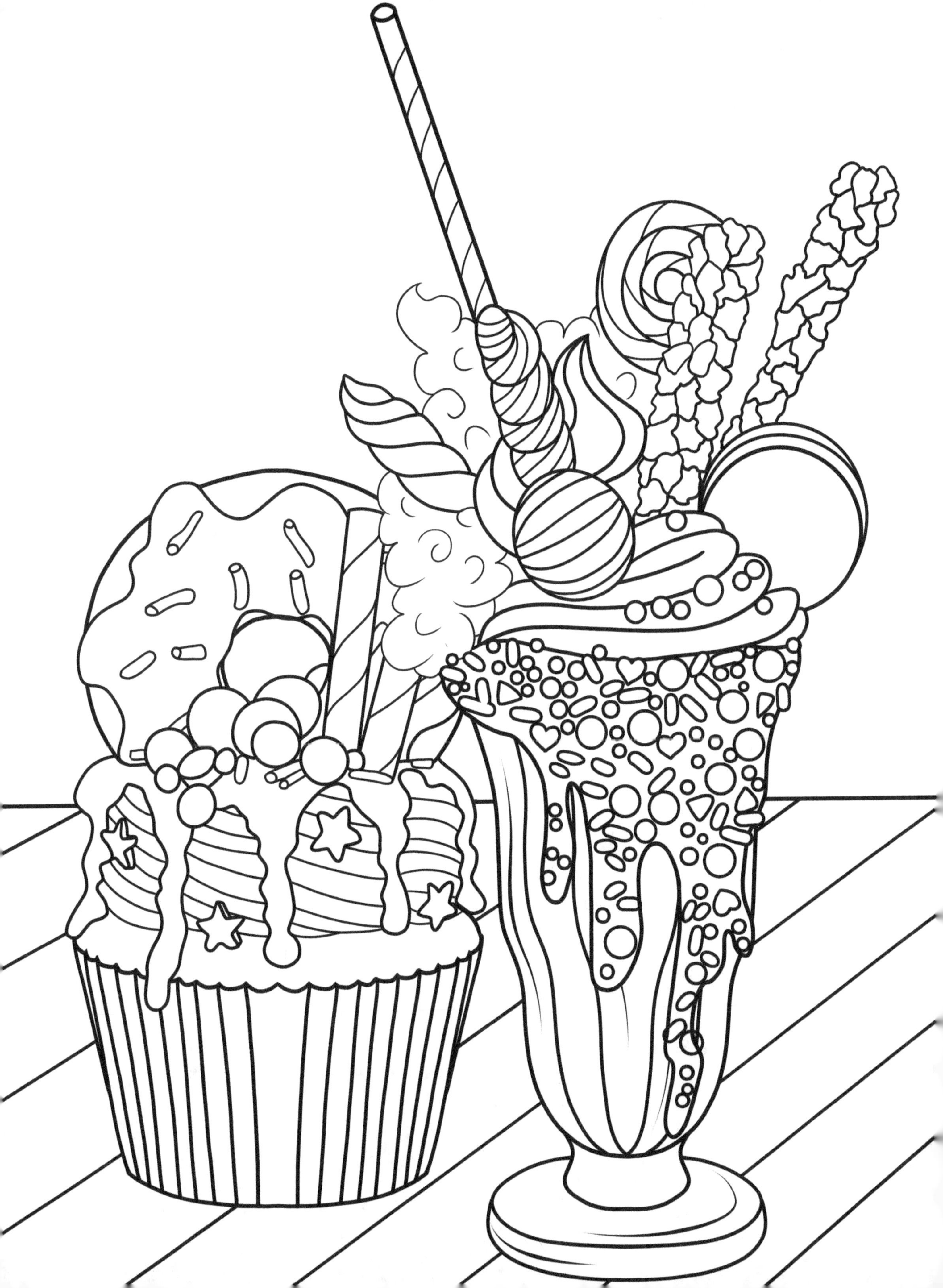

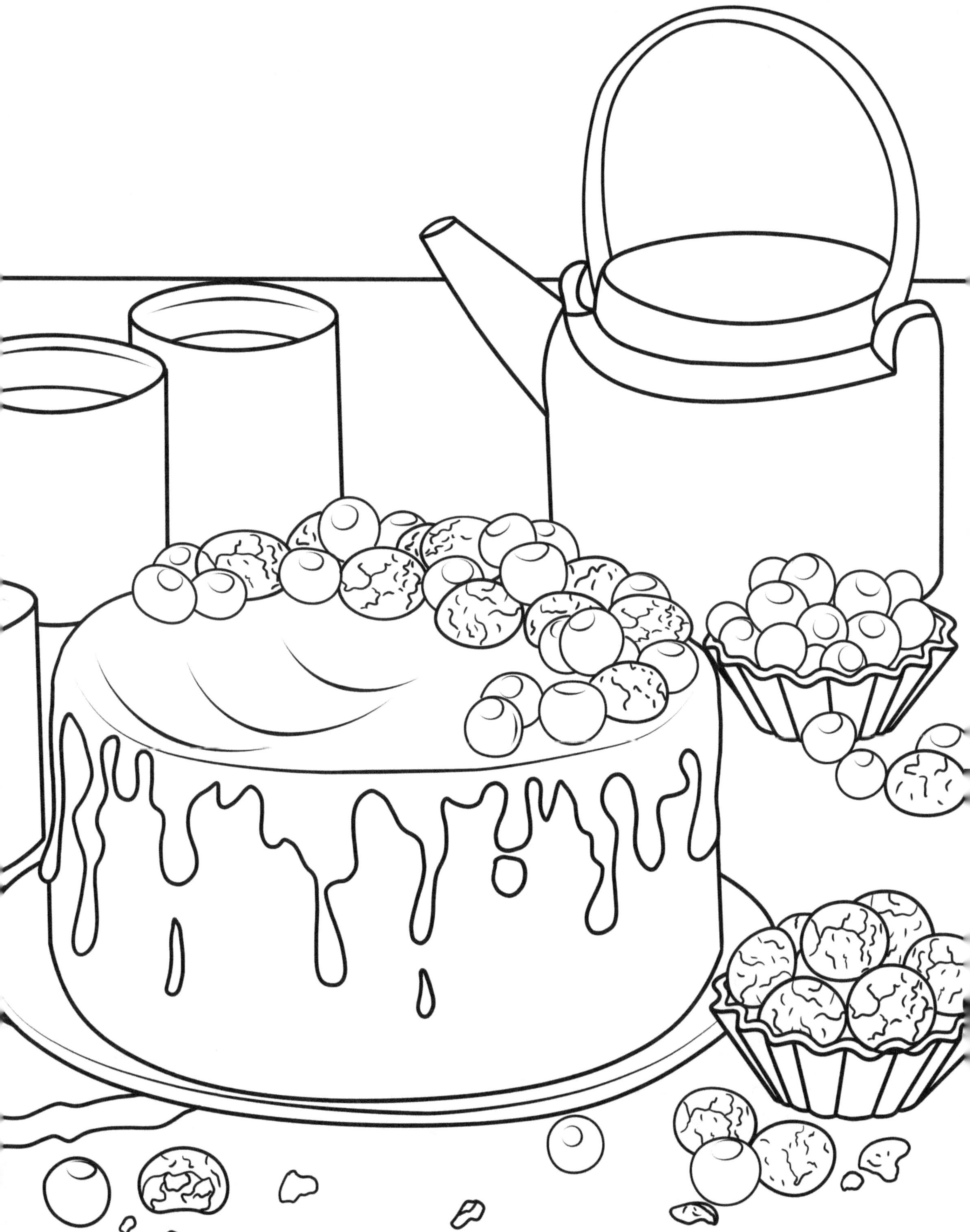

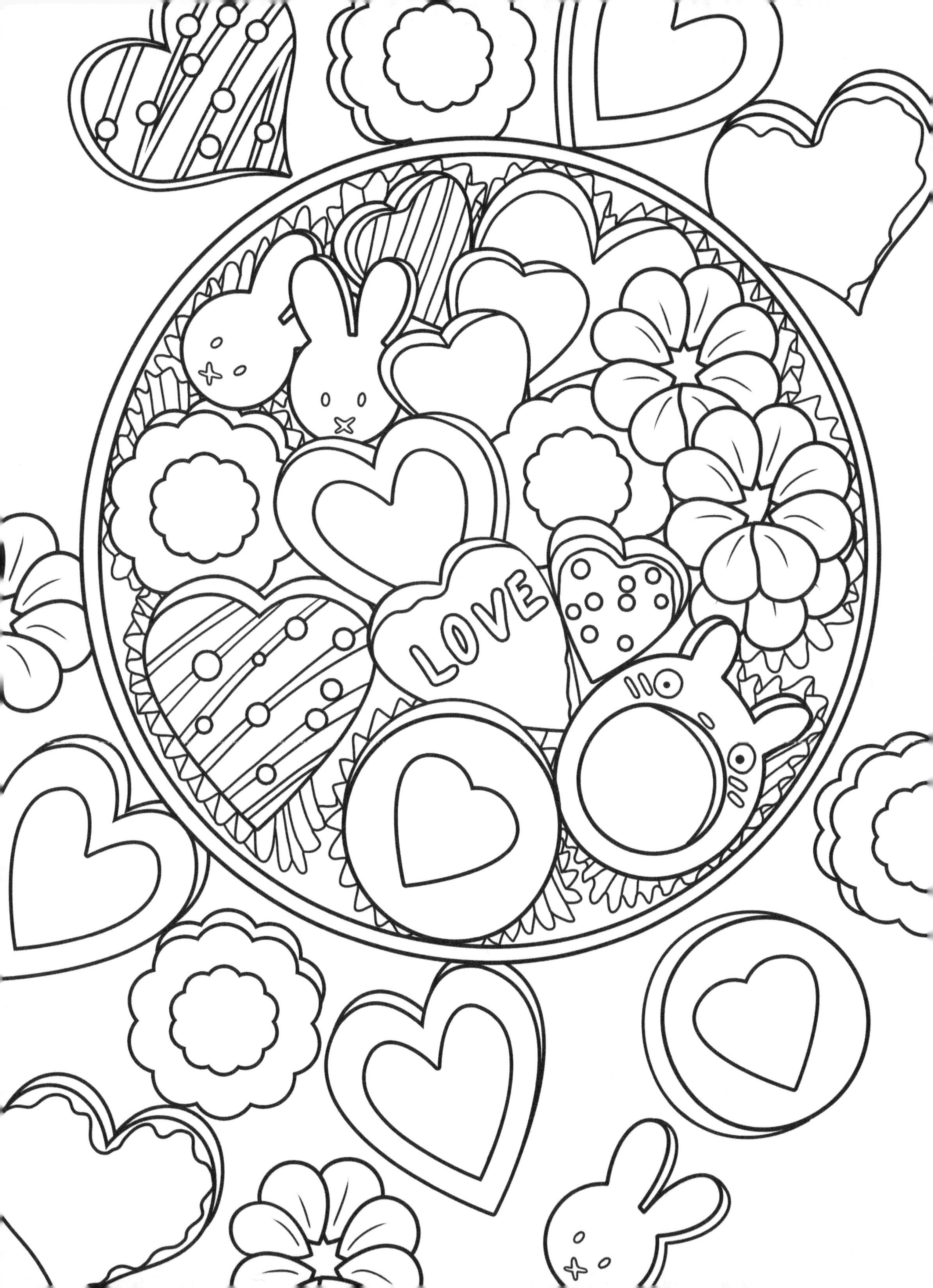
LOVE

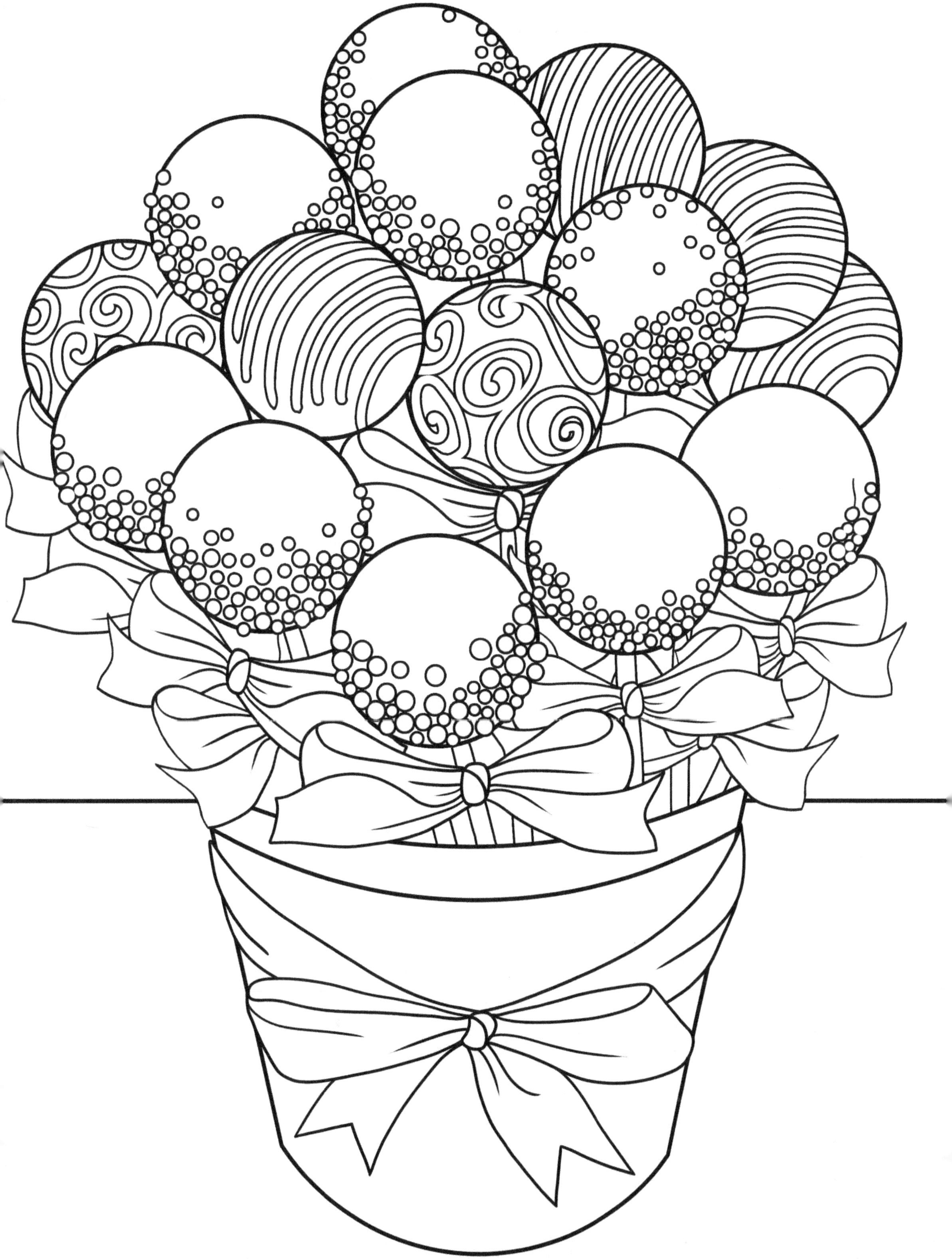

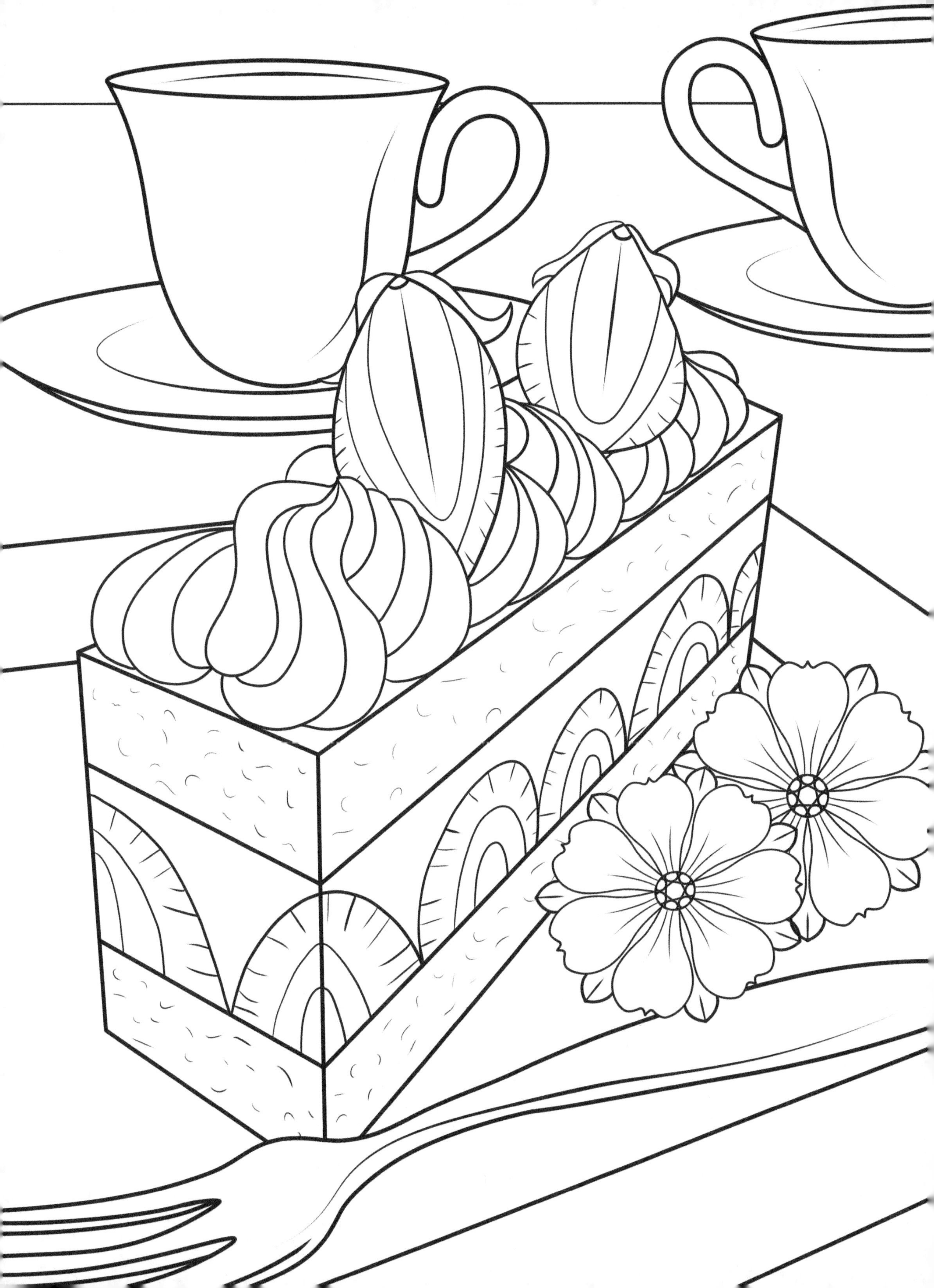

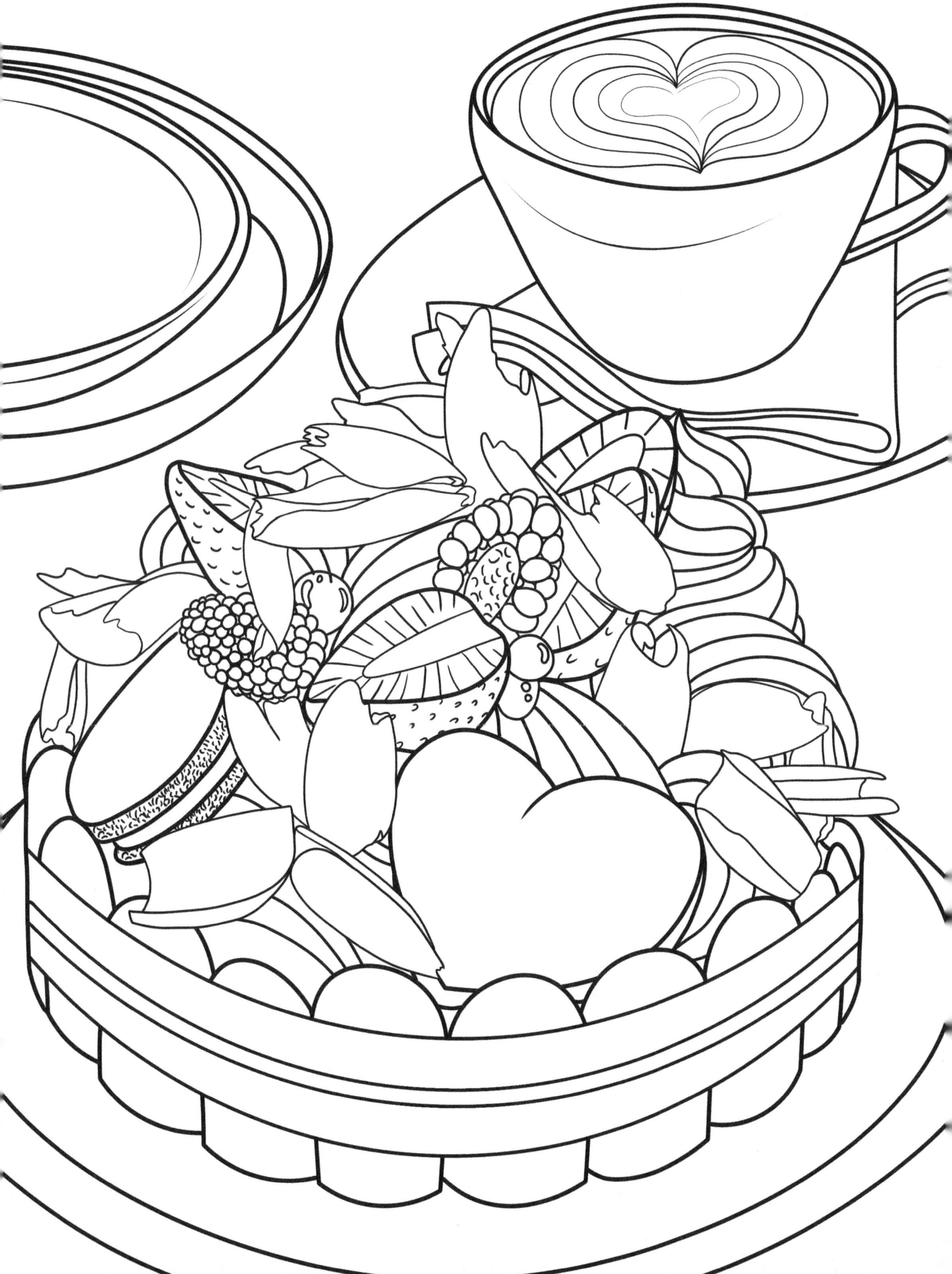

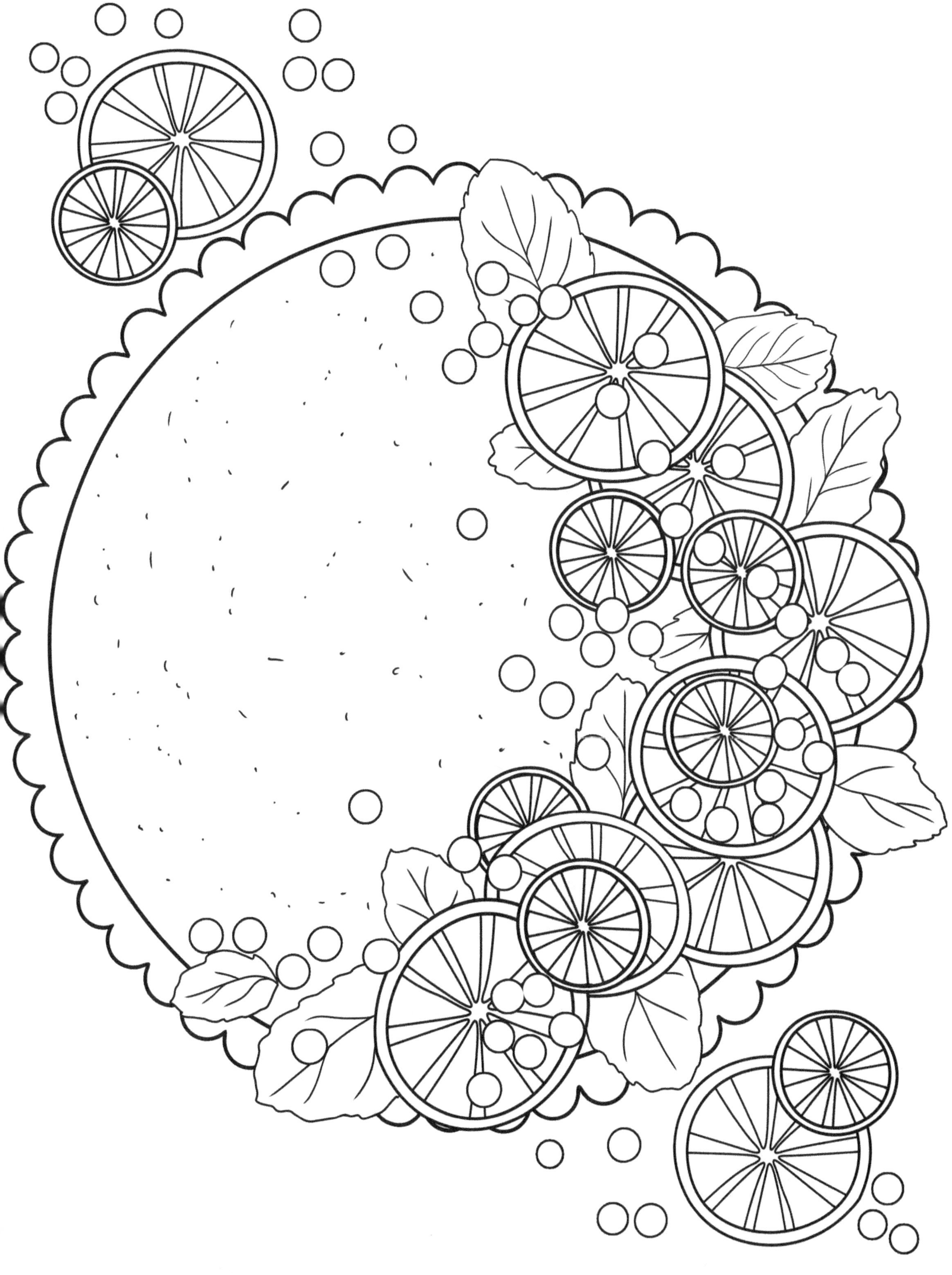

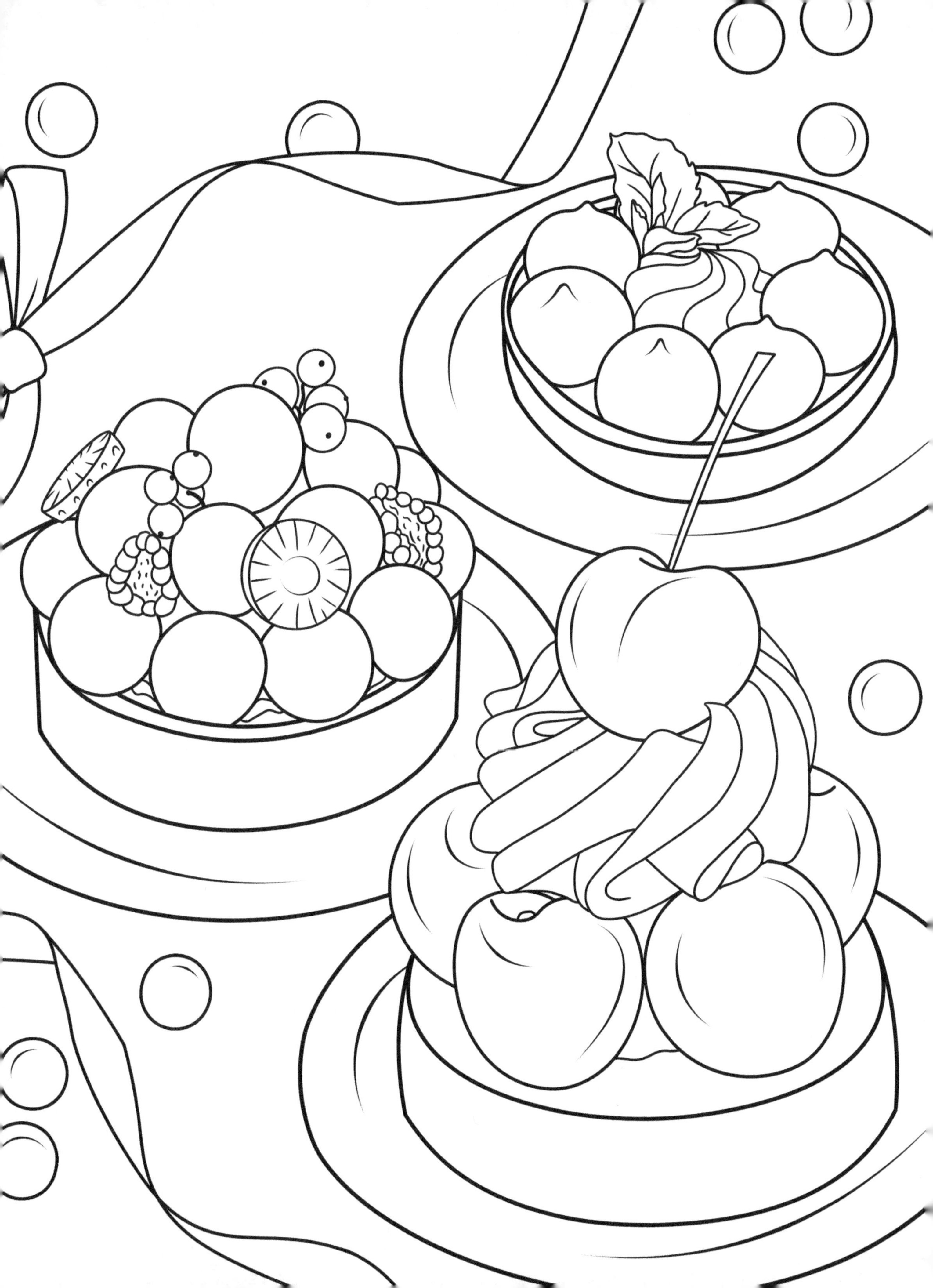

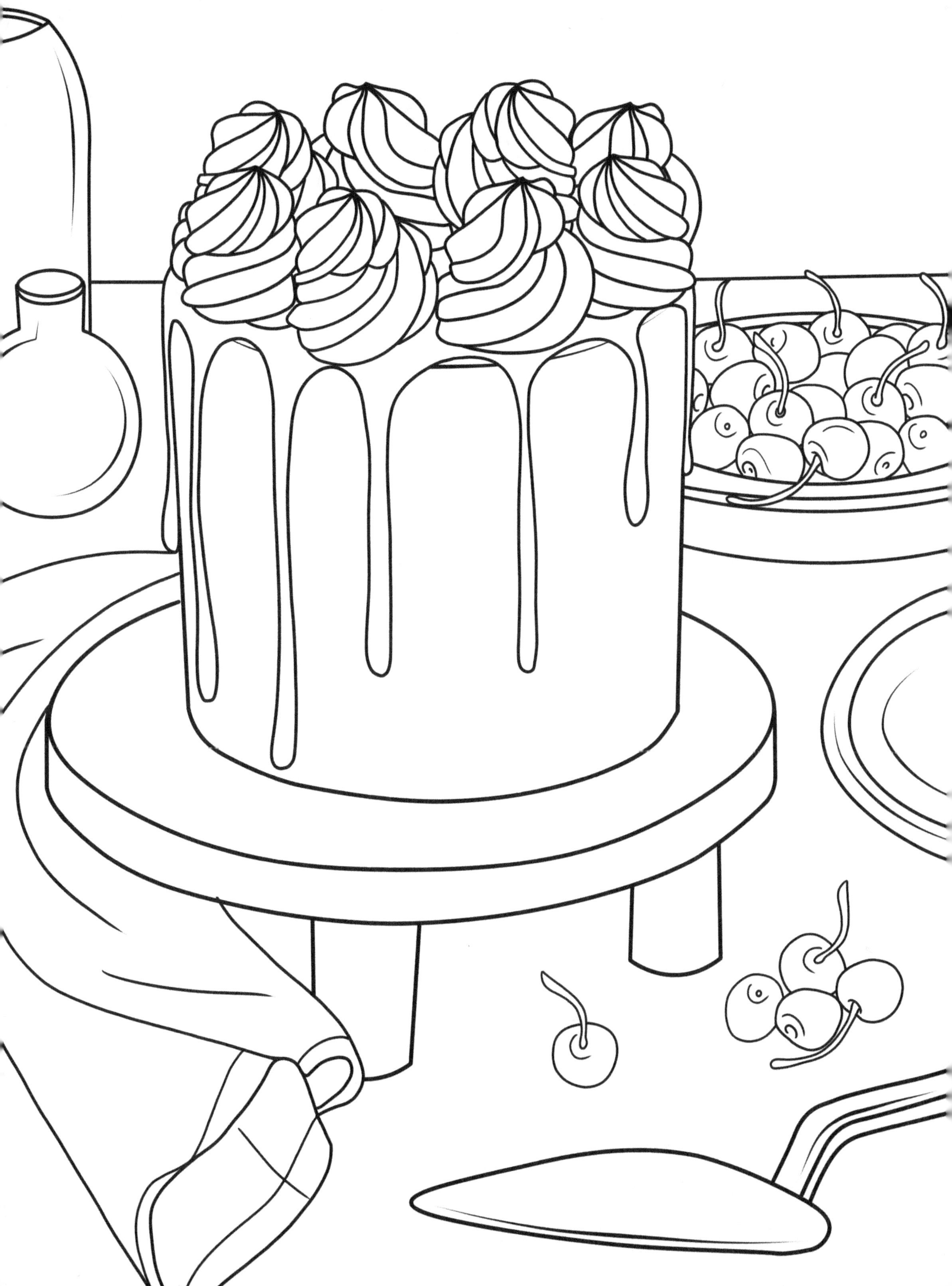

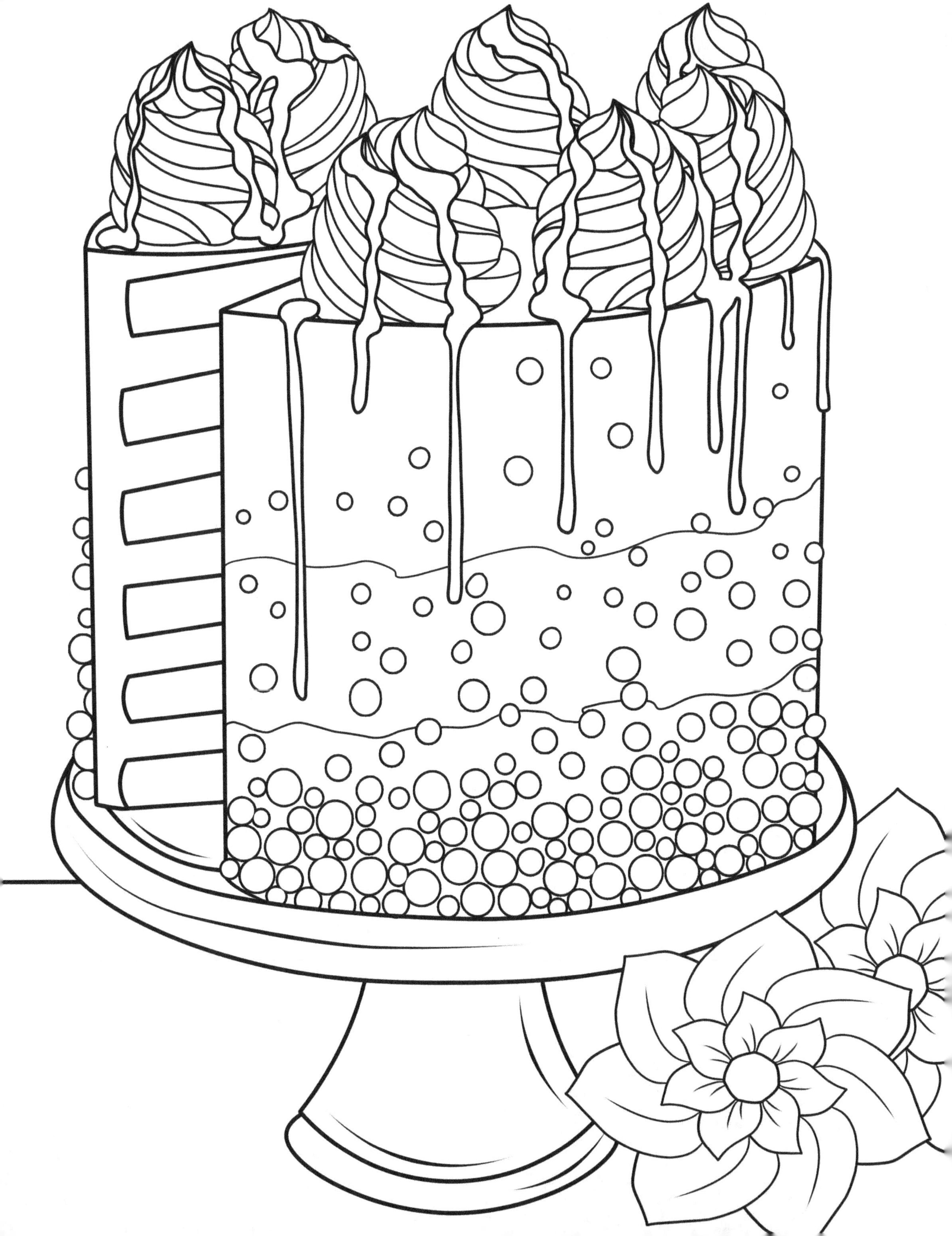

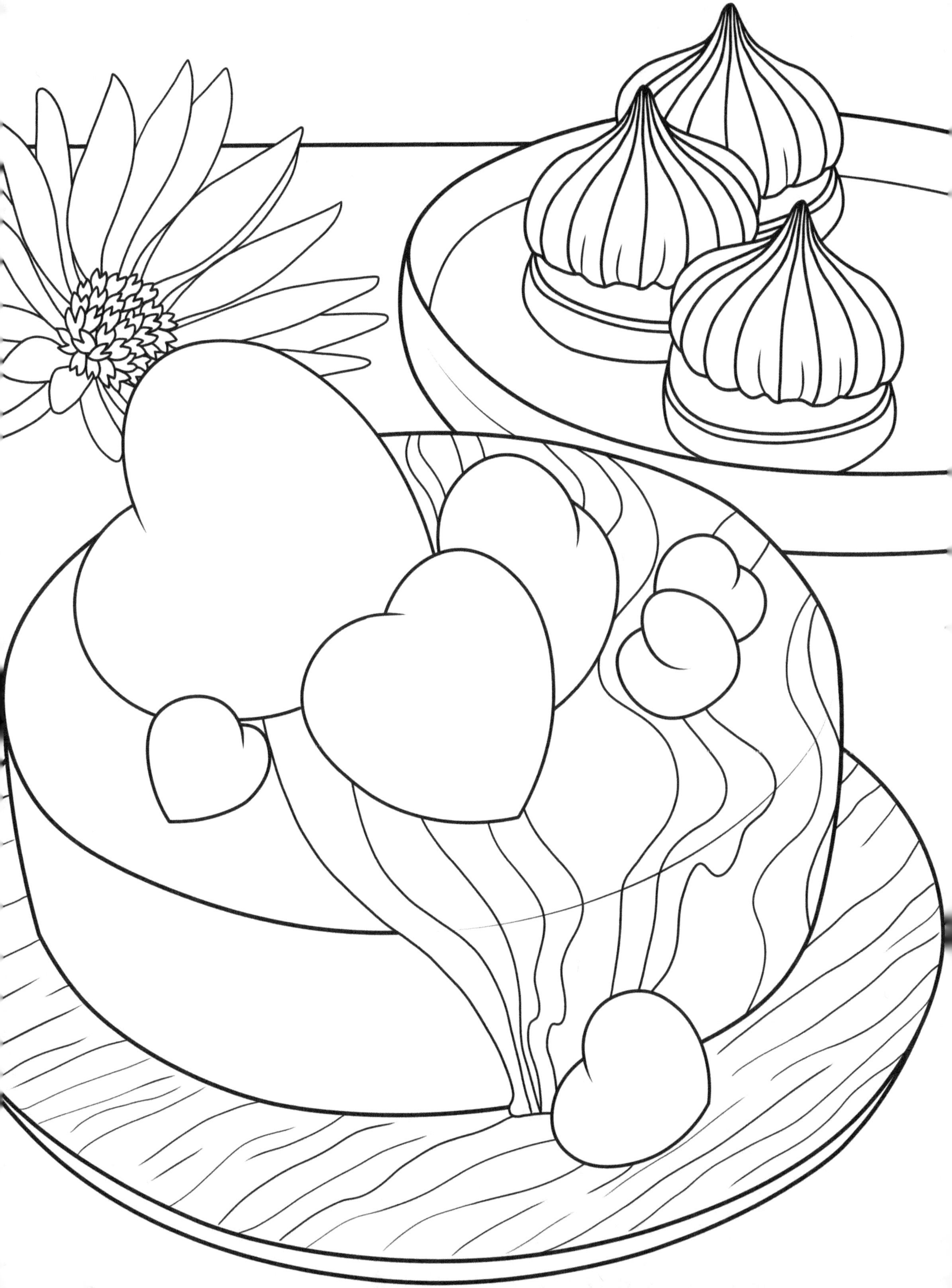

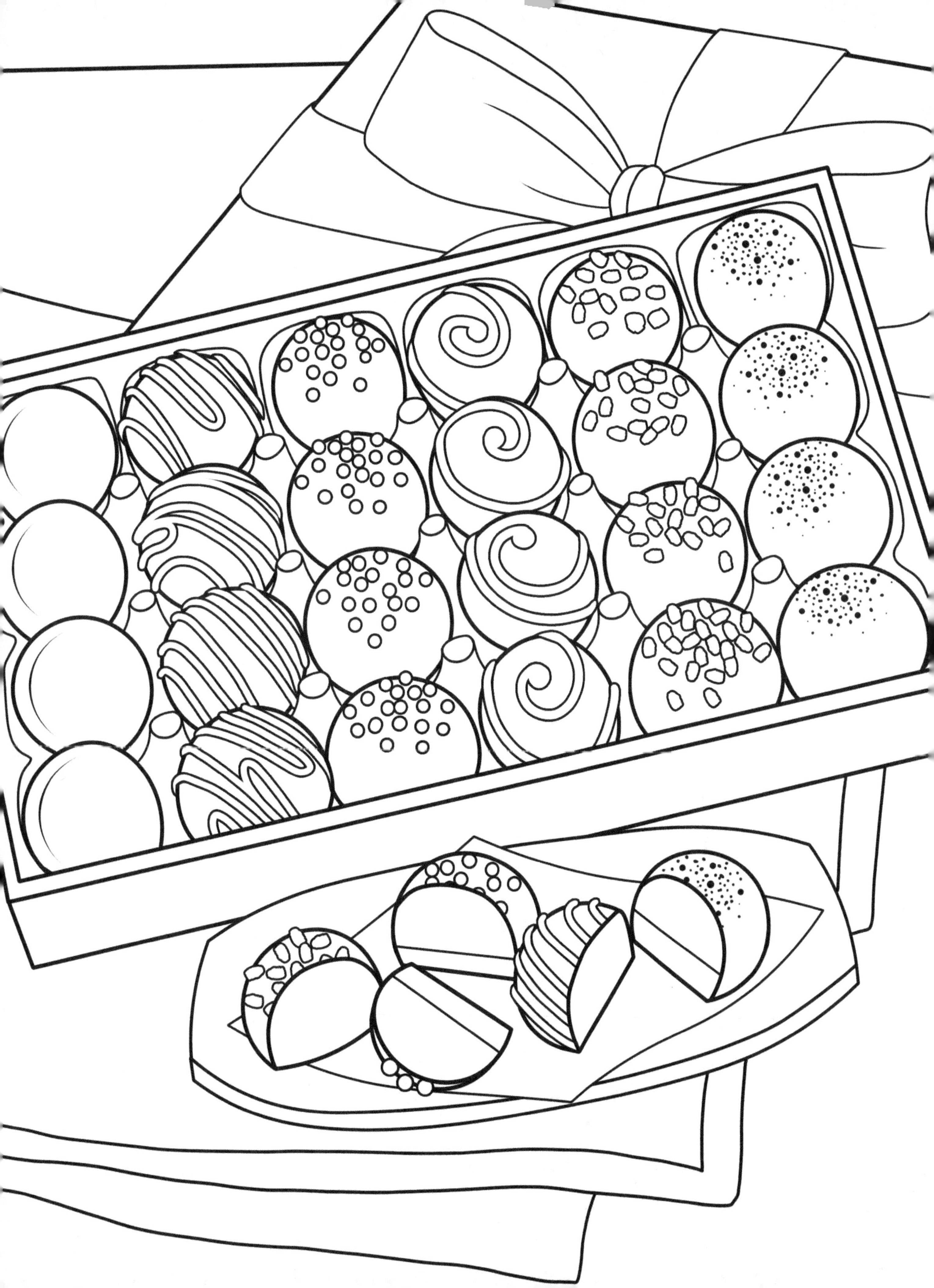

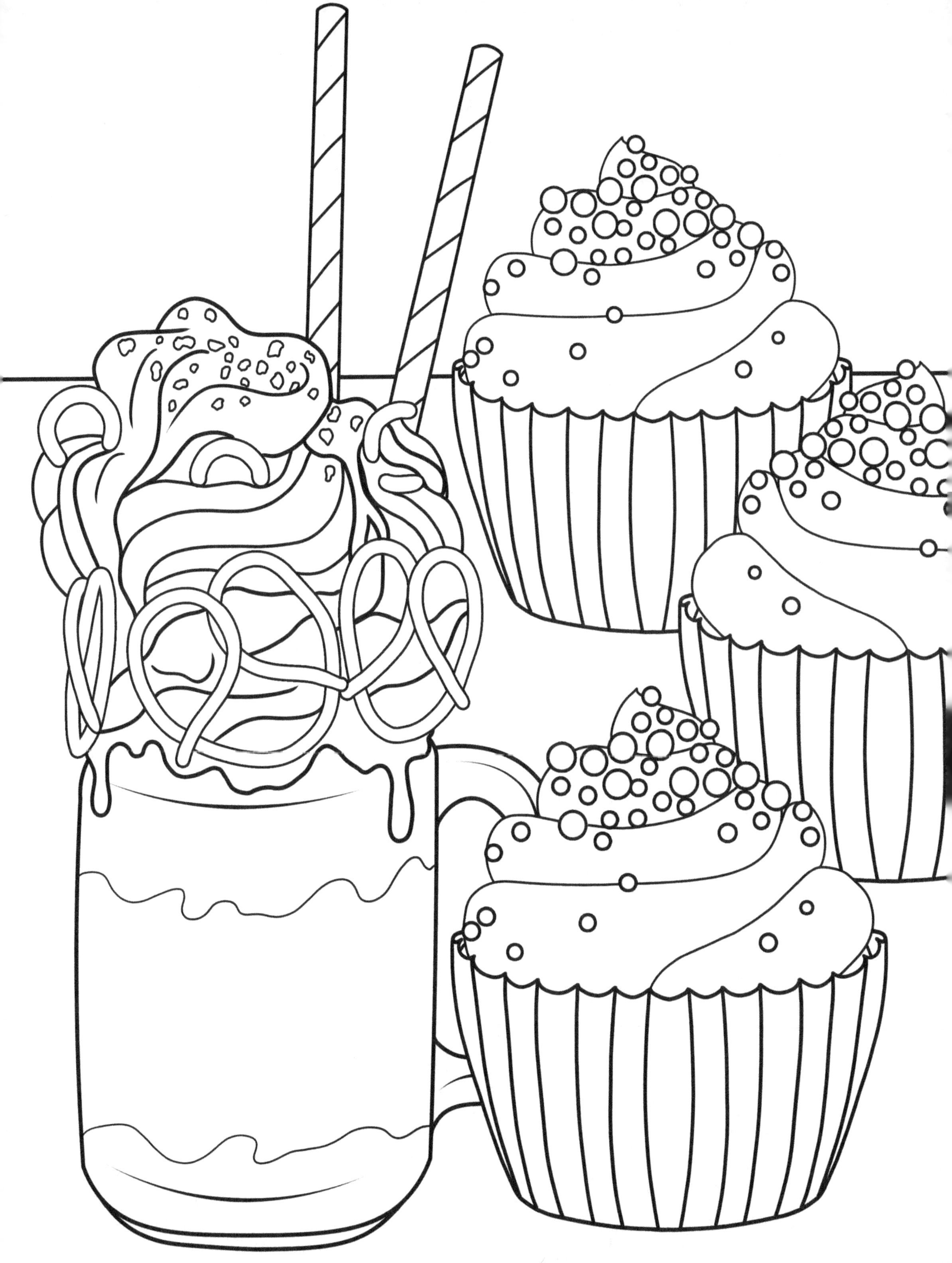

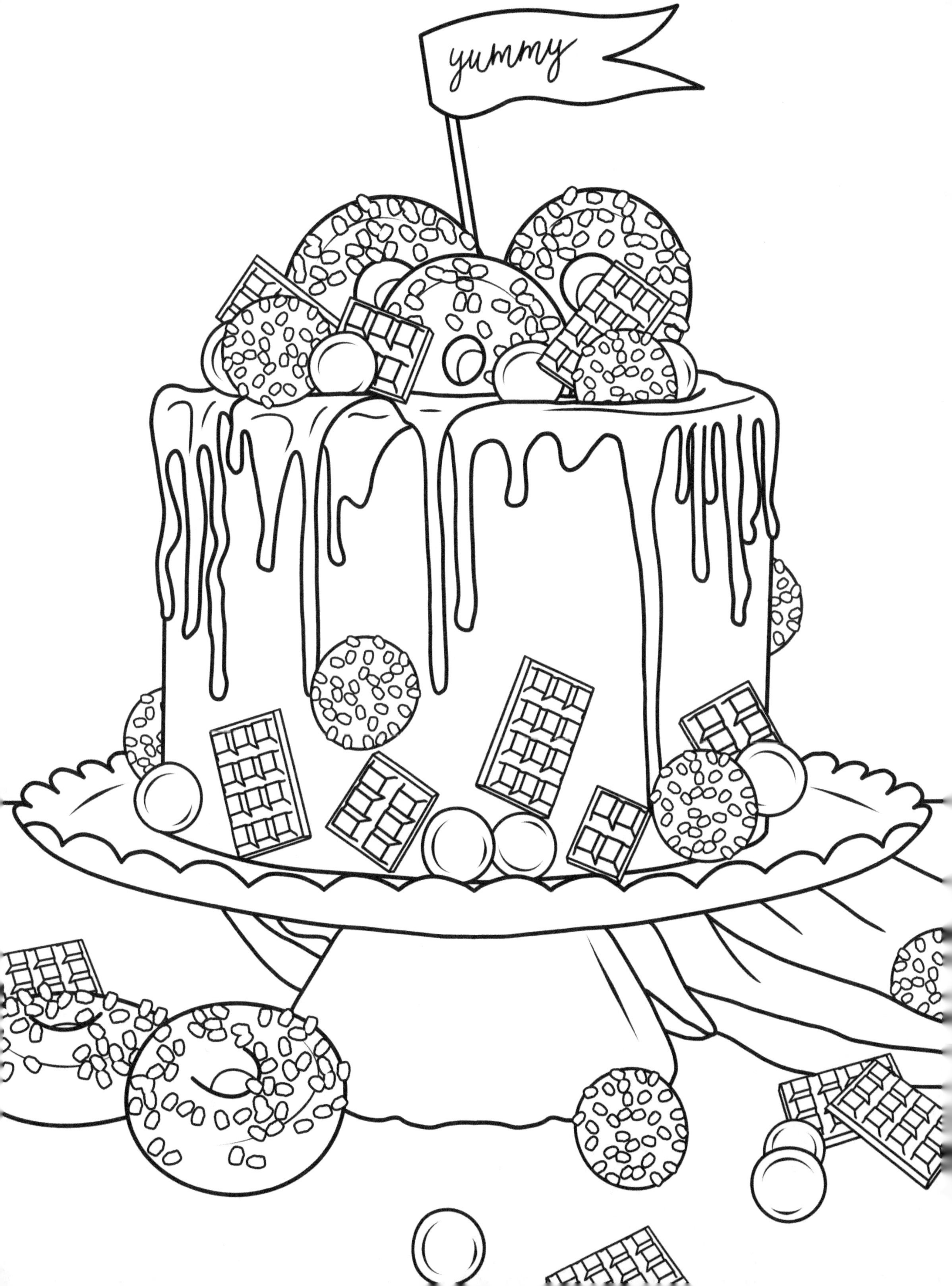
yummy

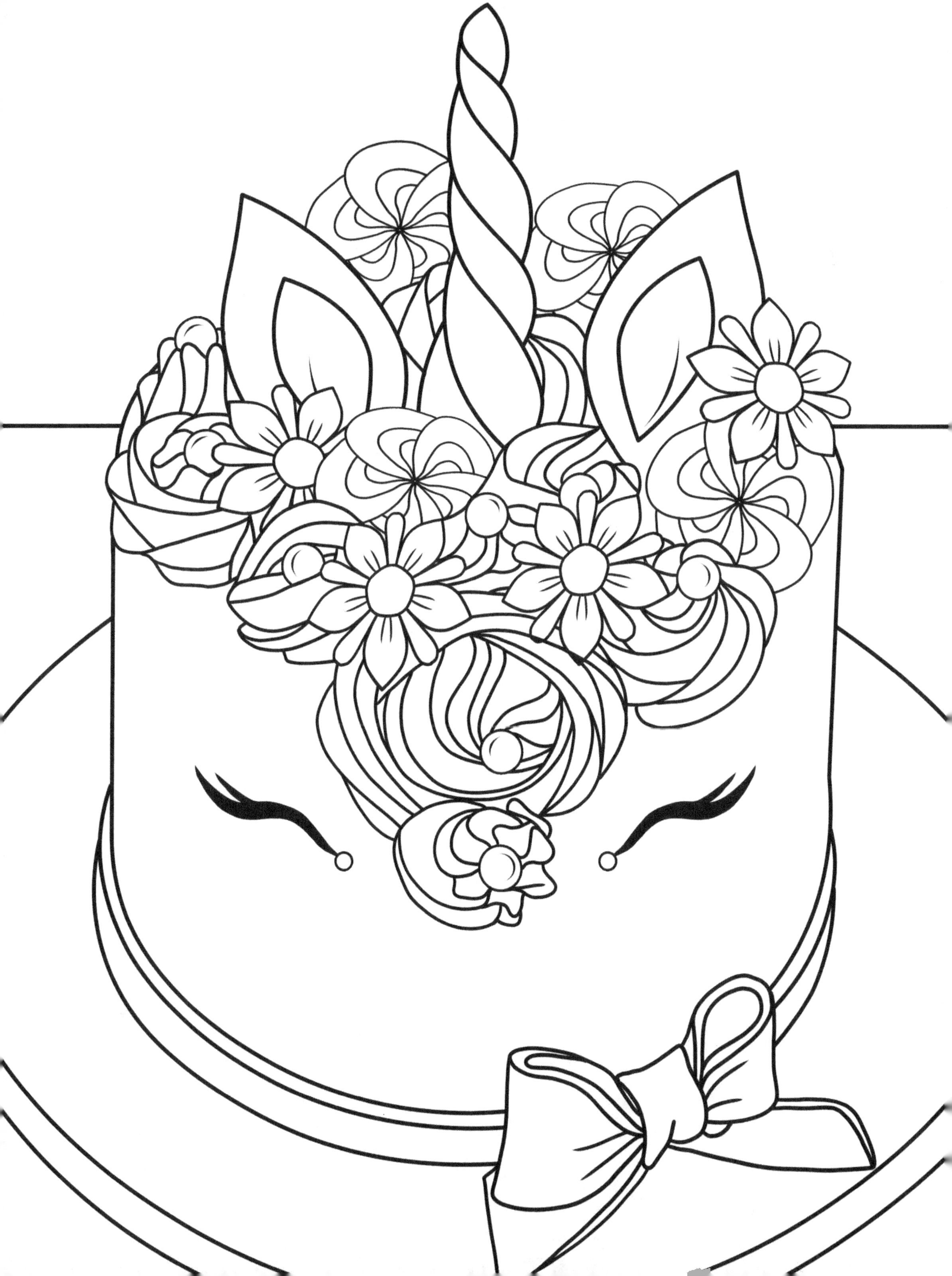

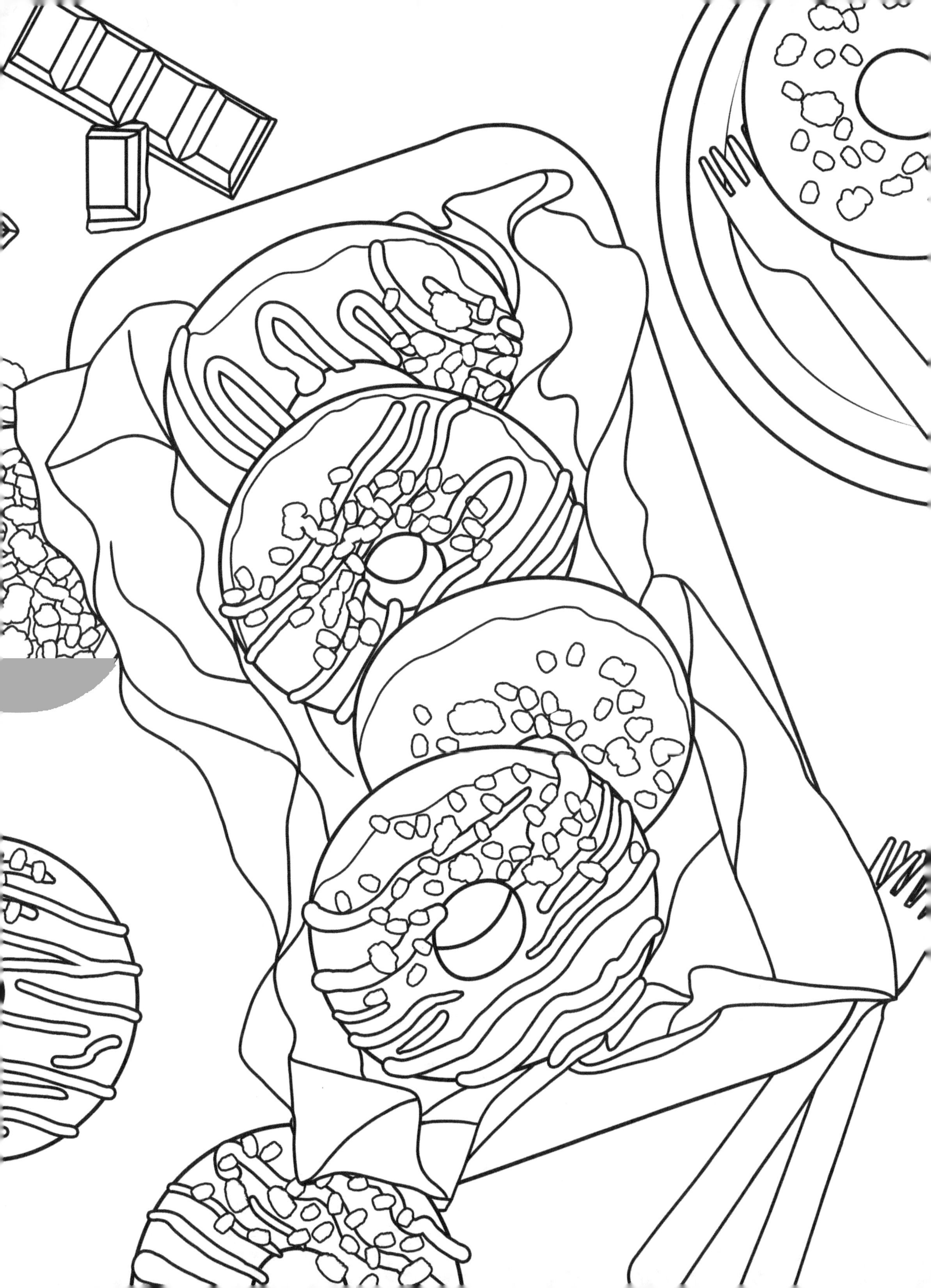

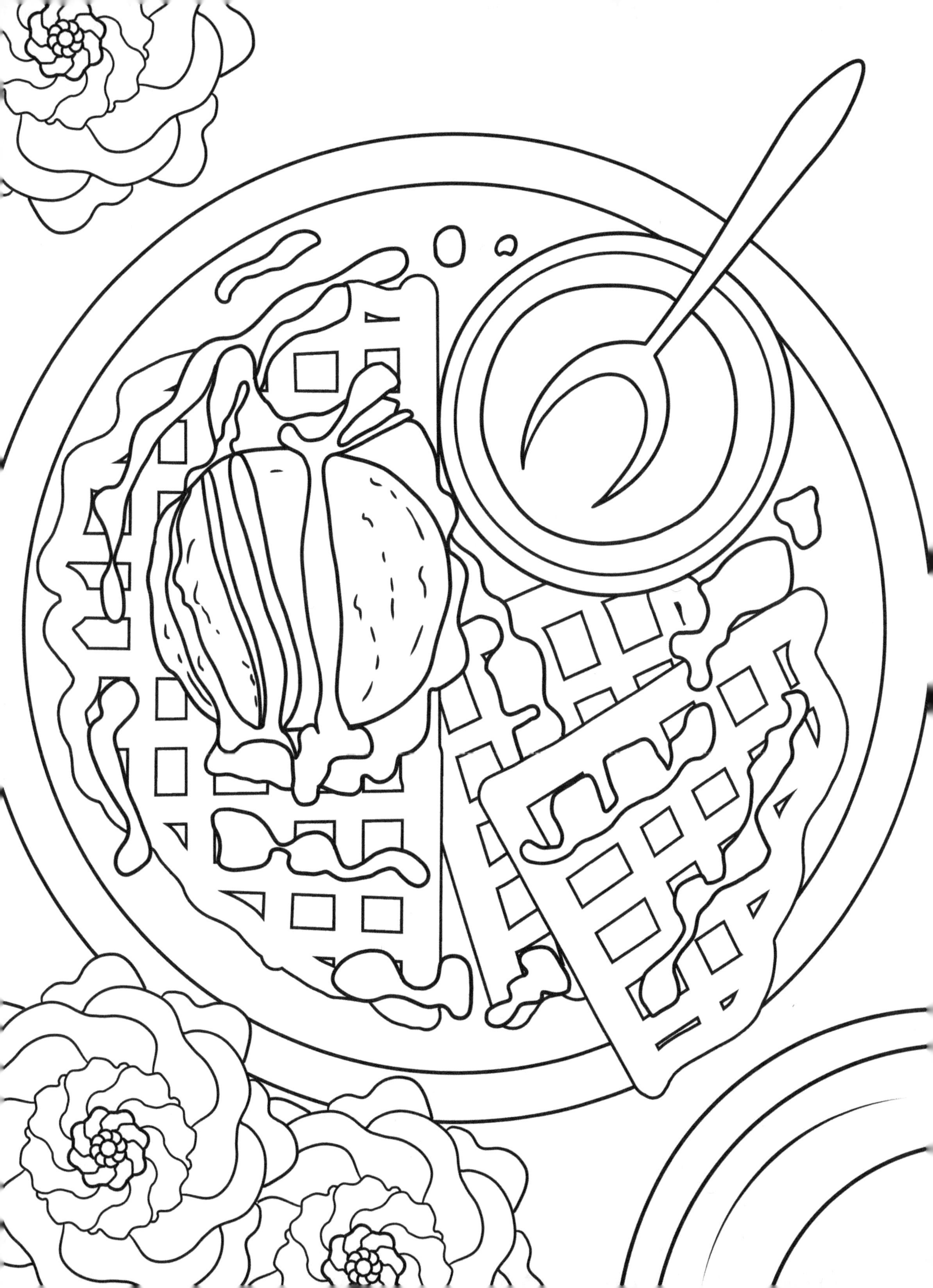

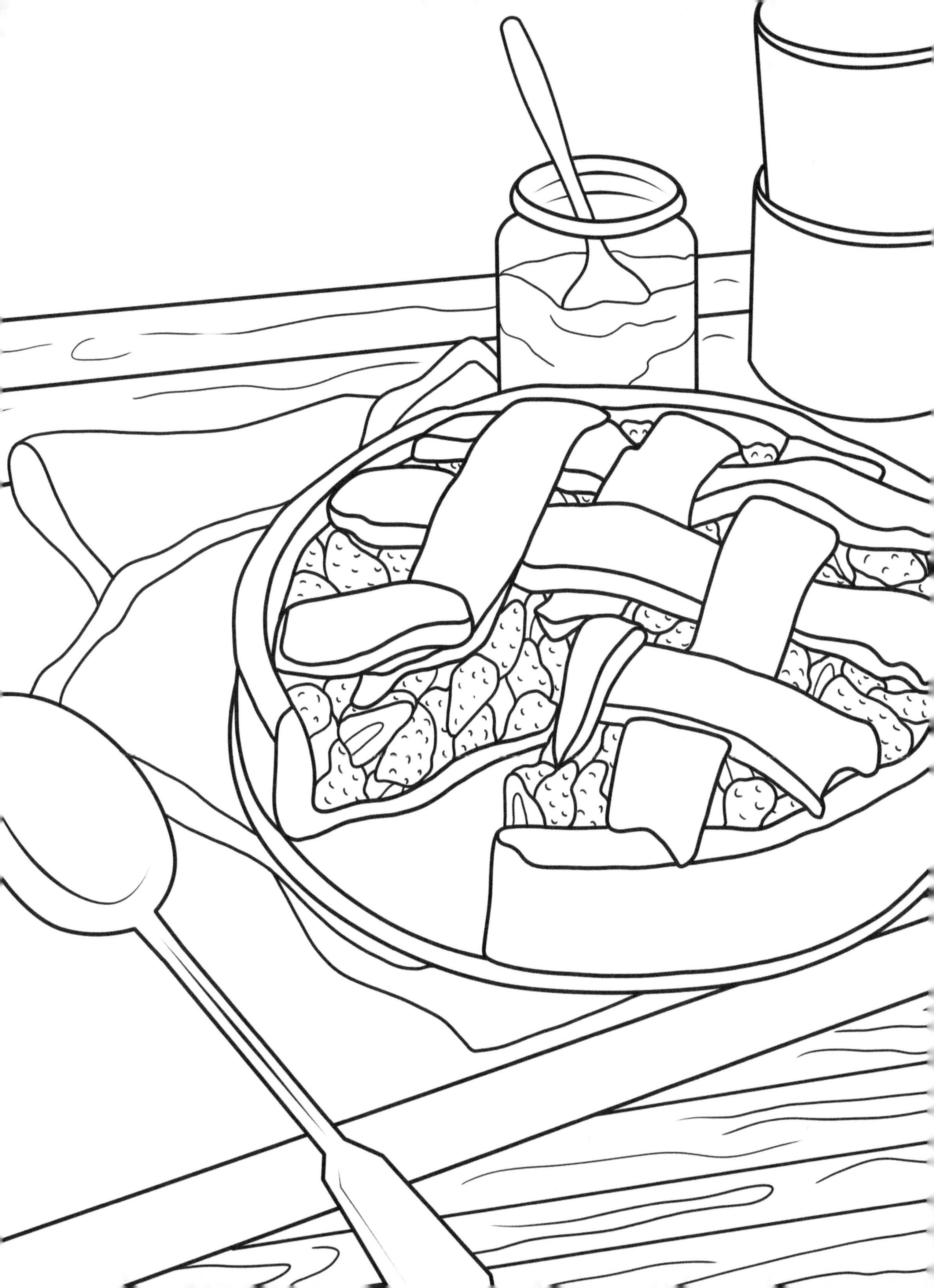

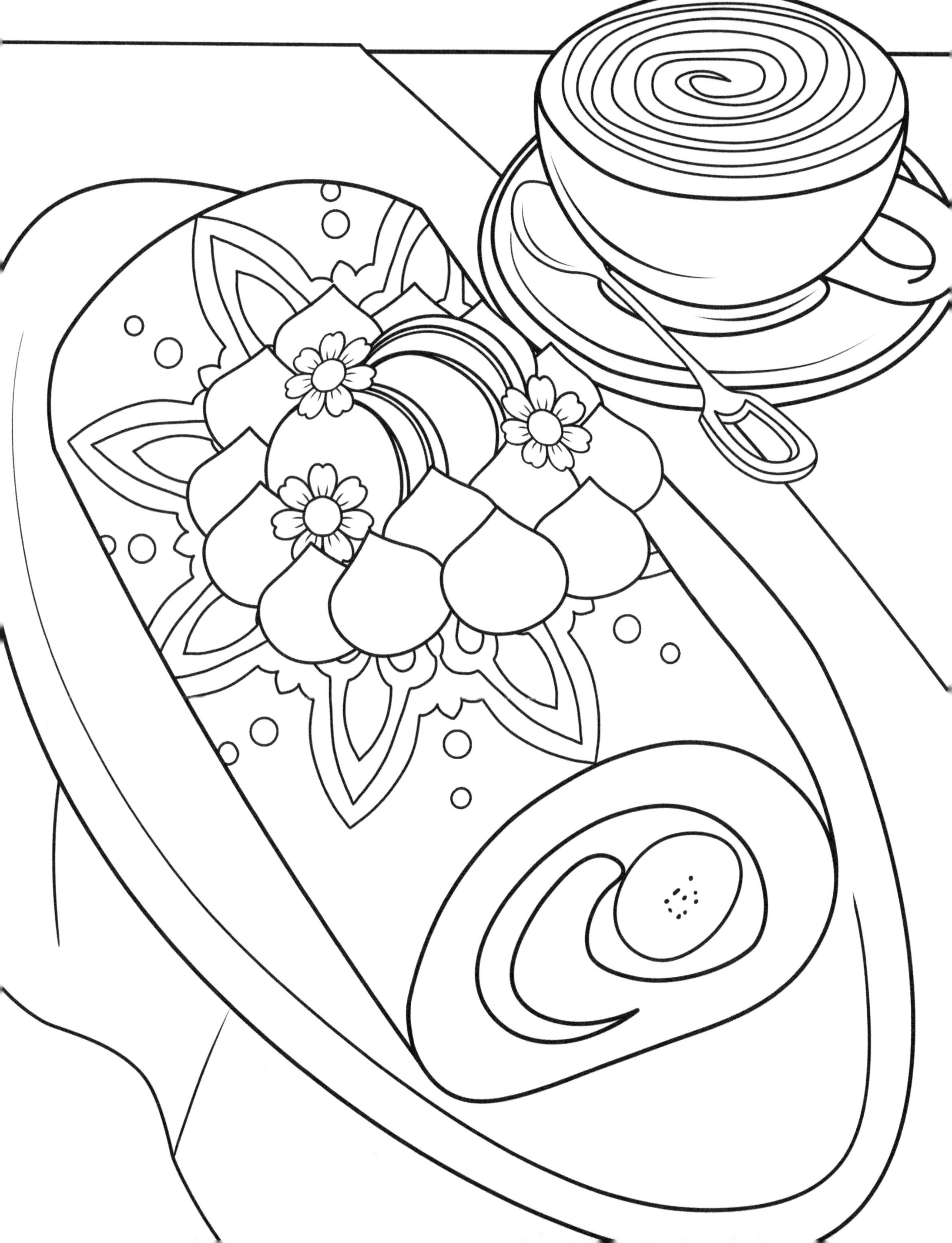

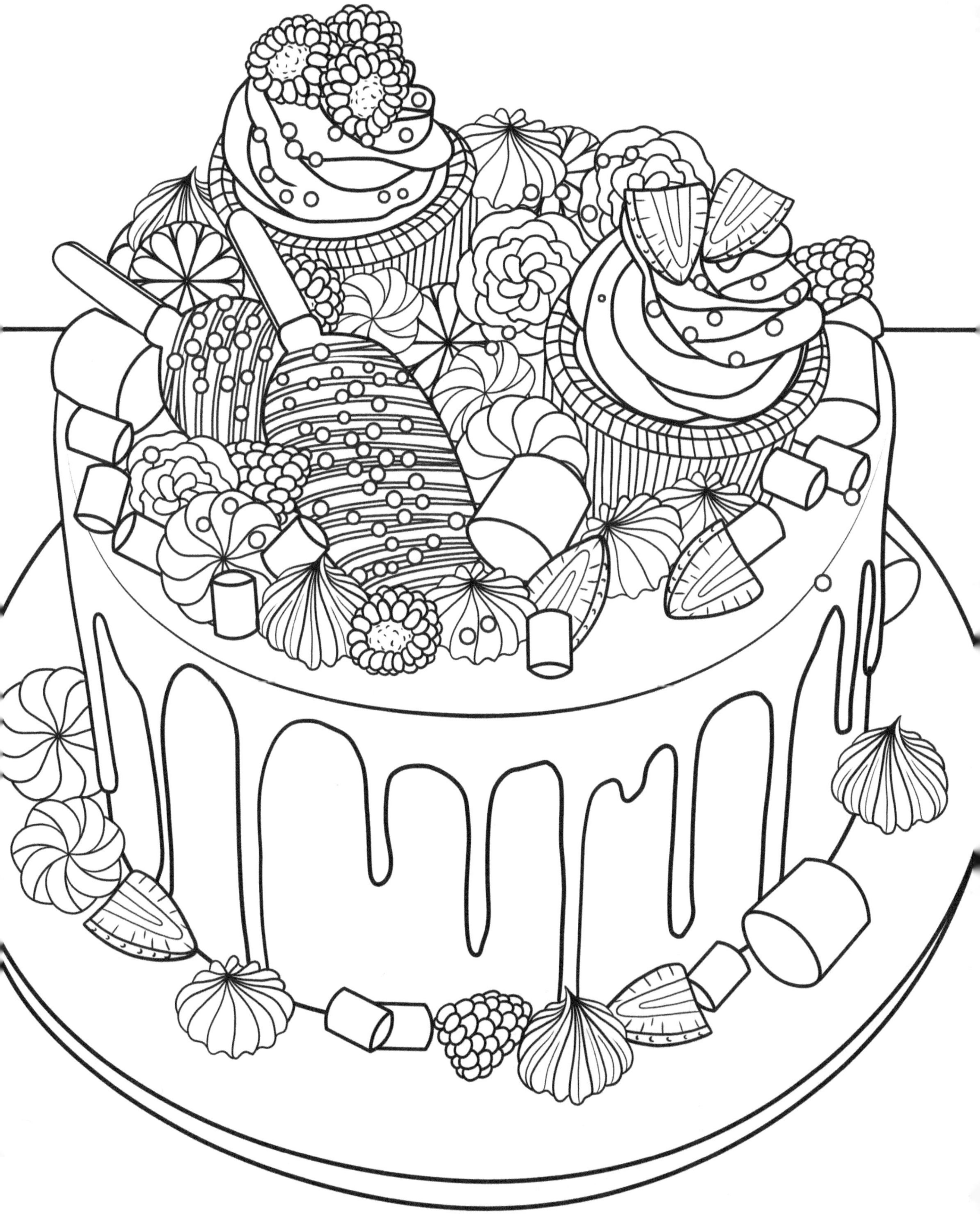

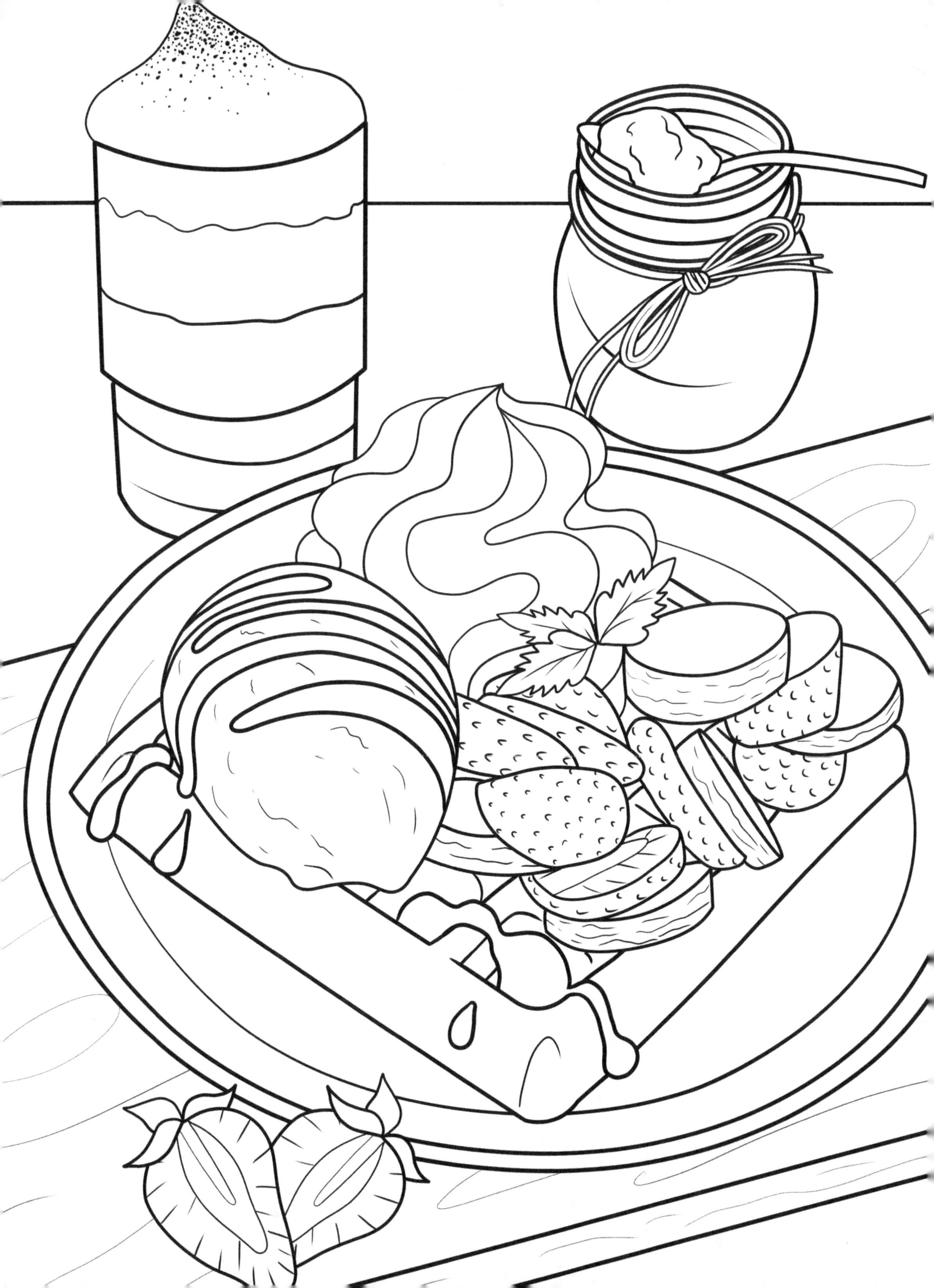

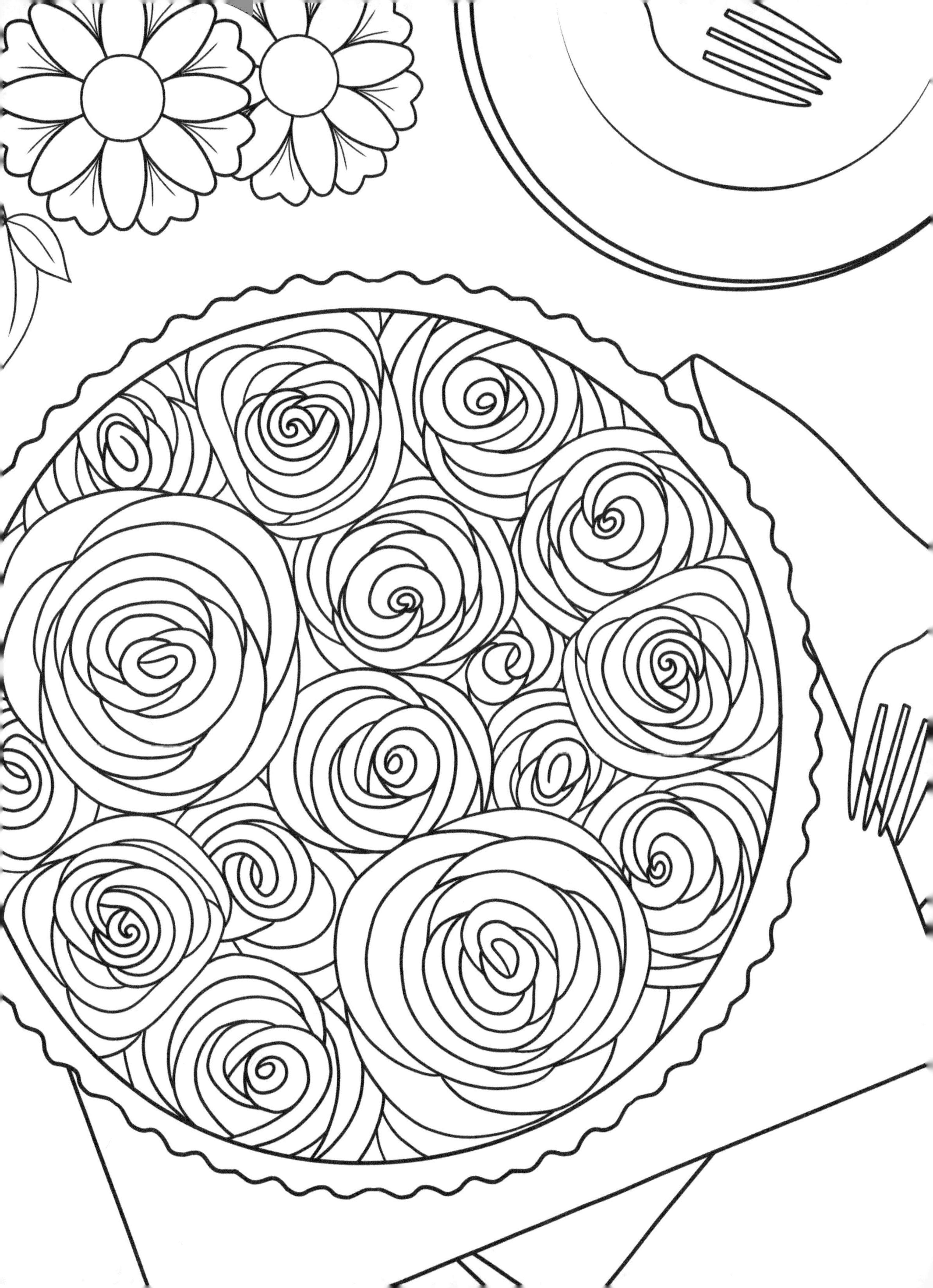

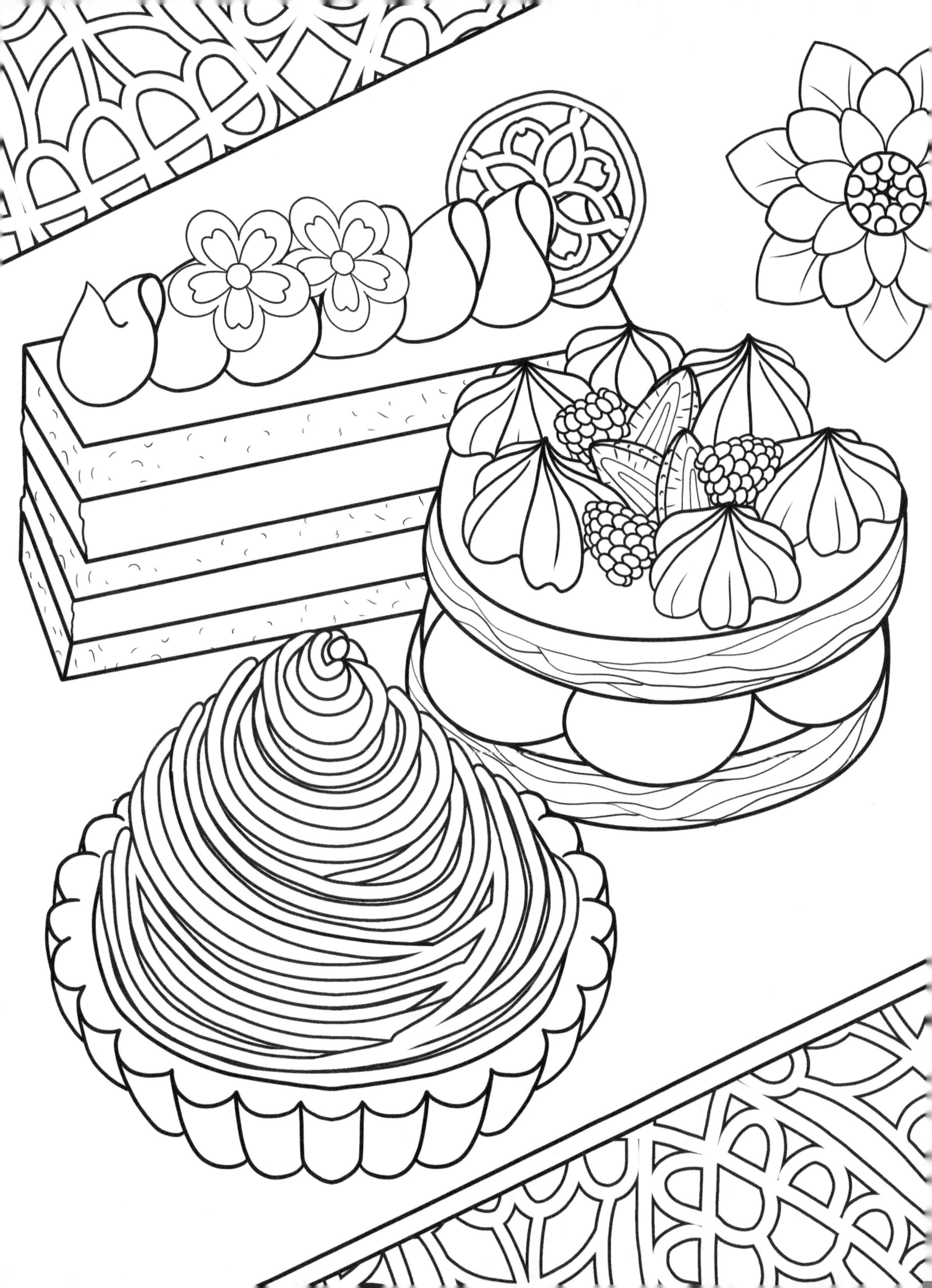

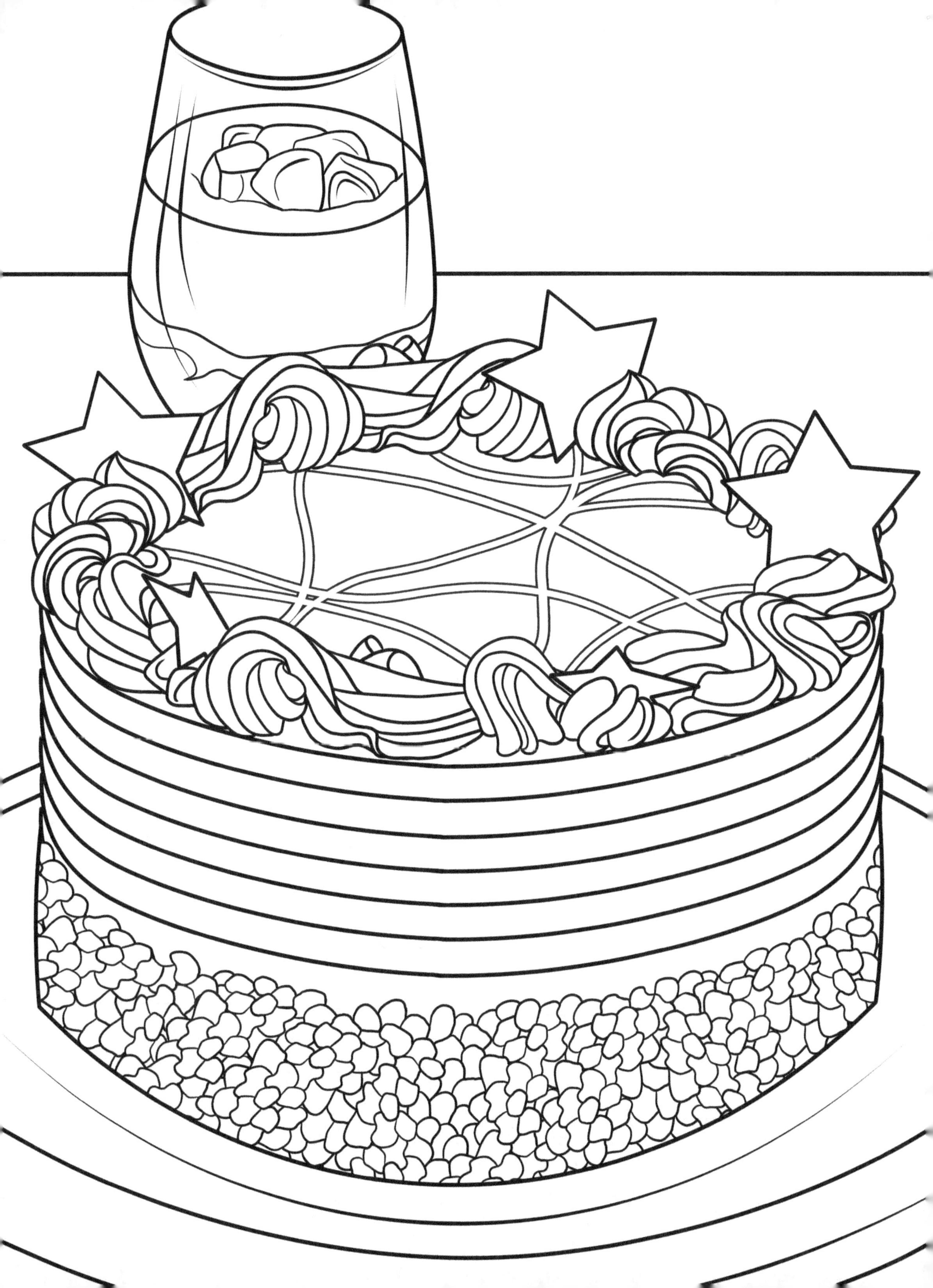

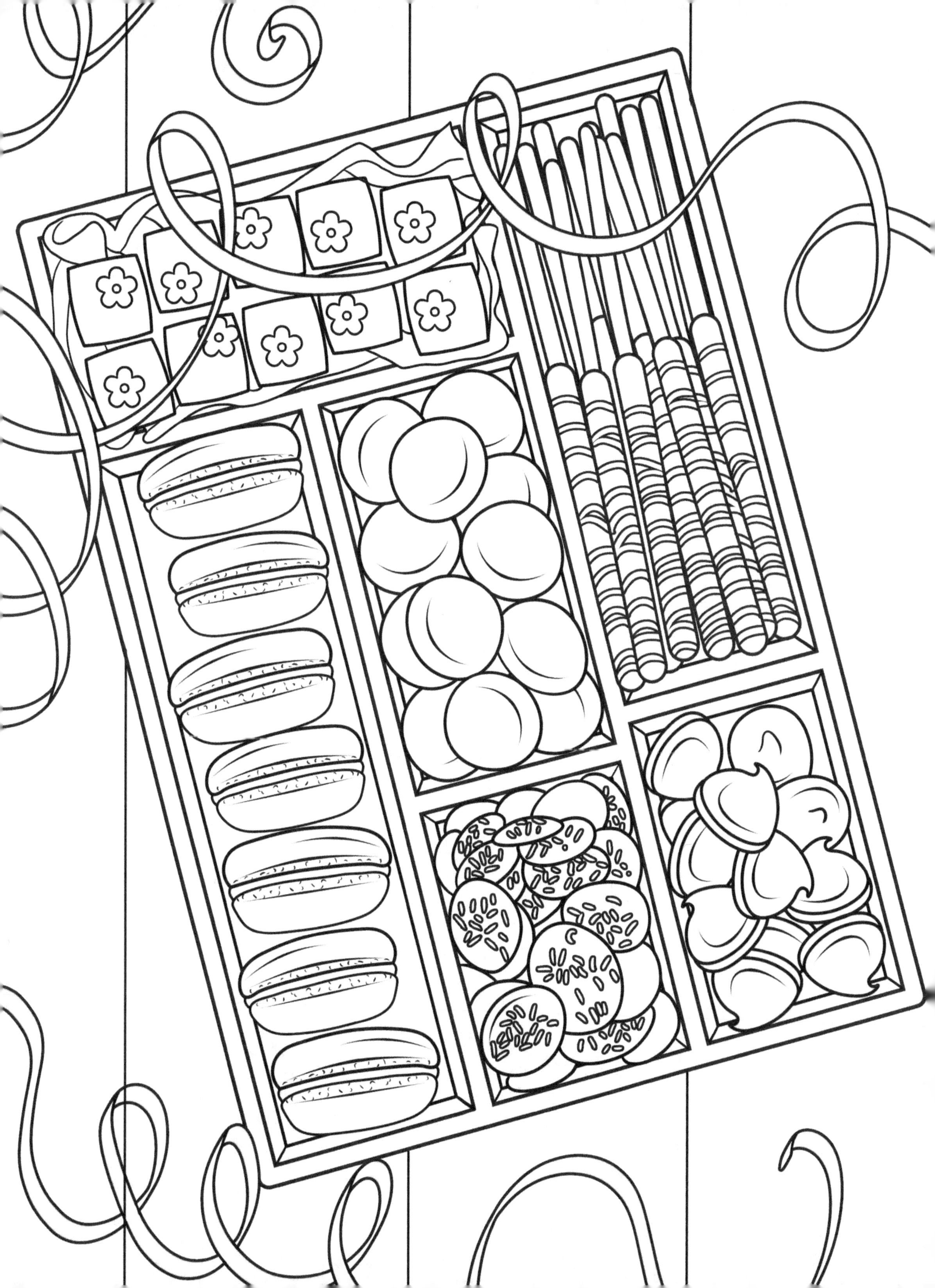

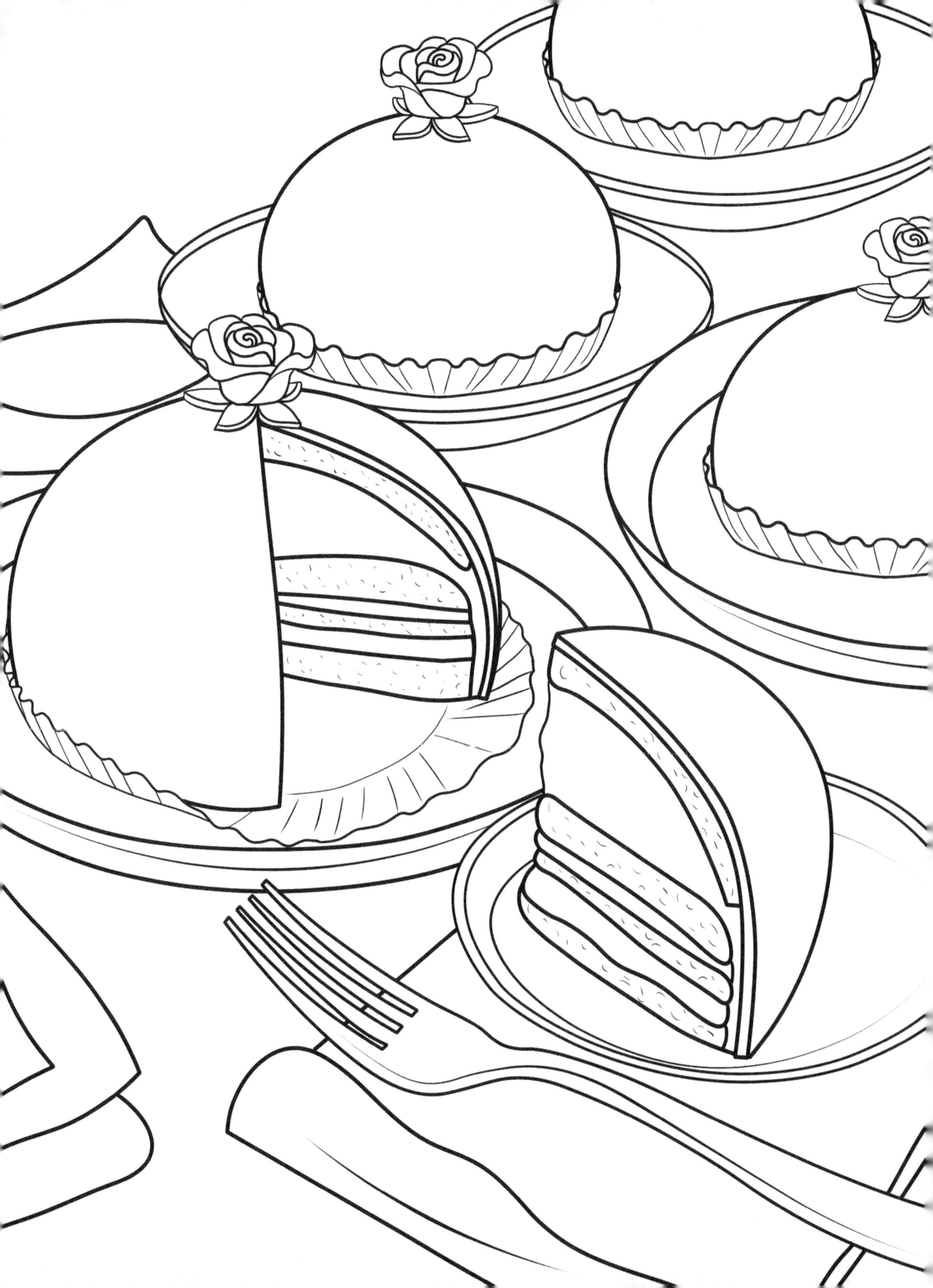

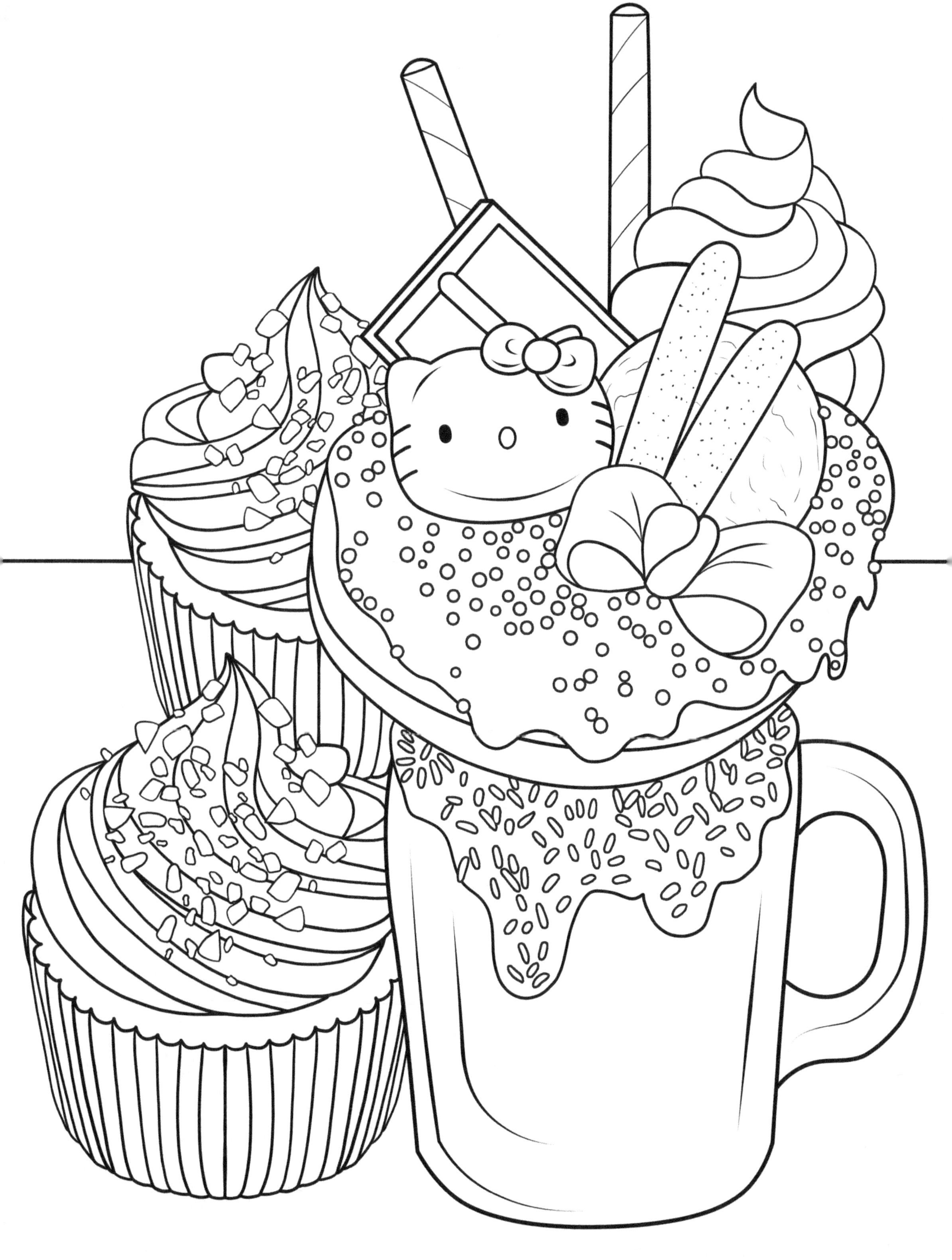

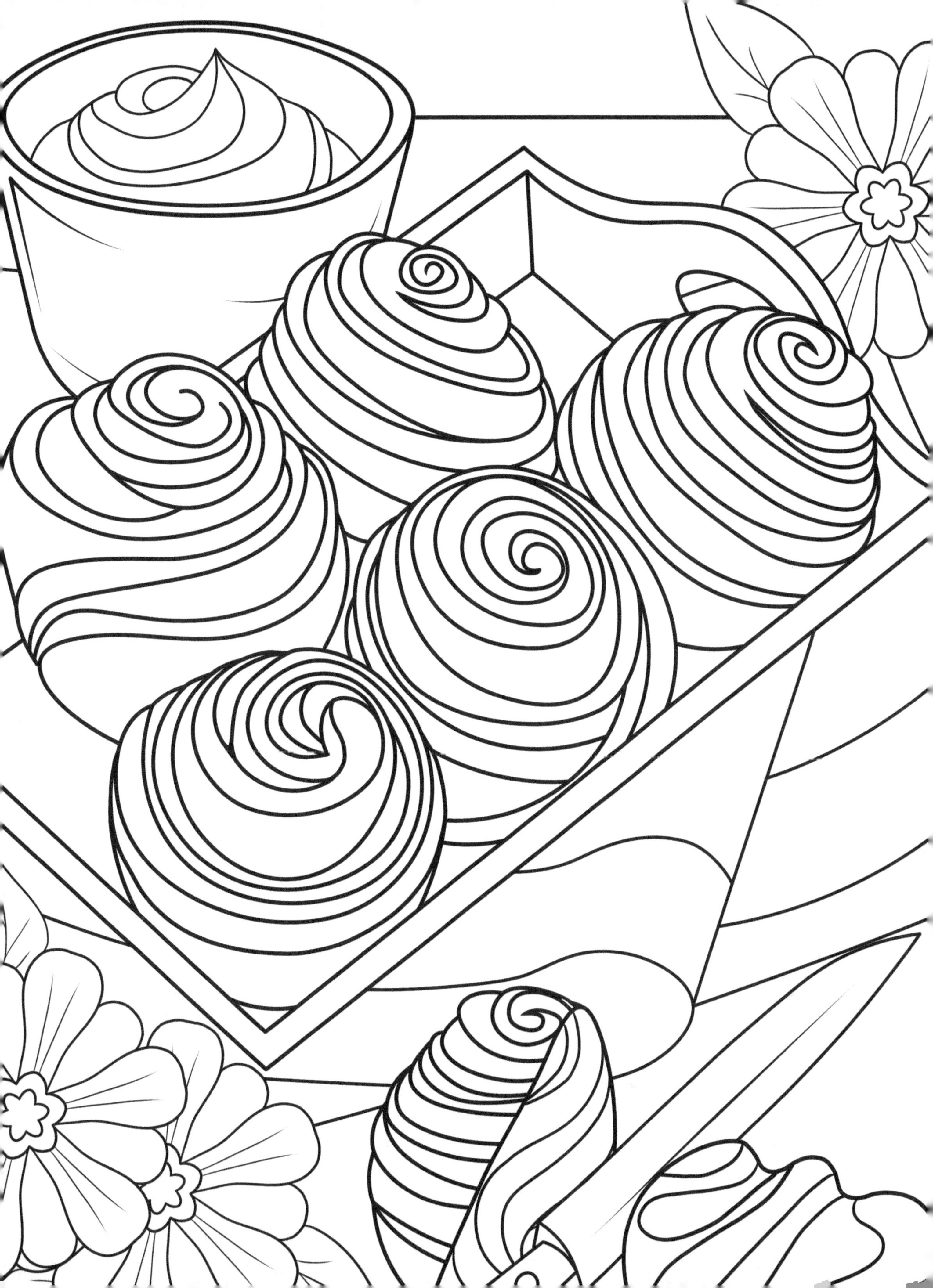

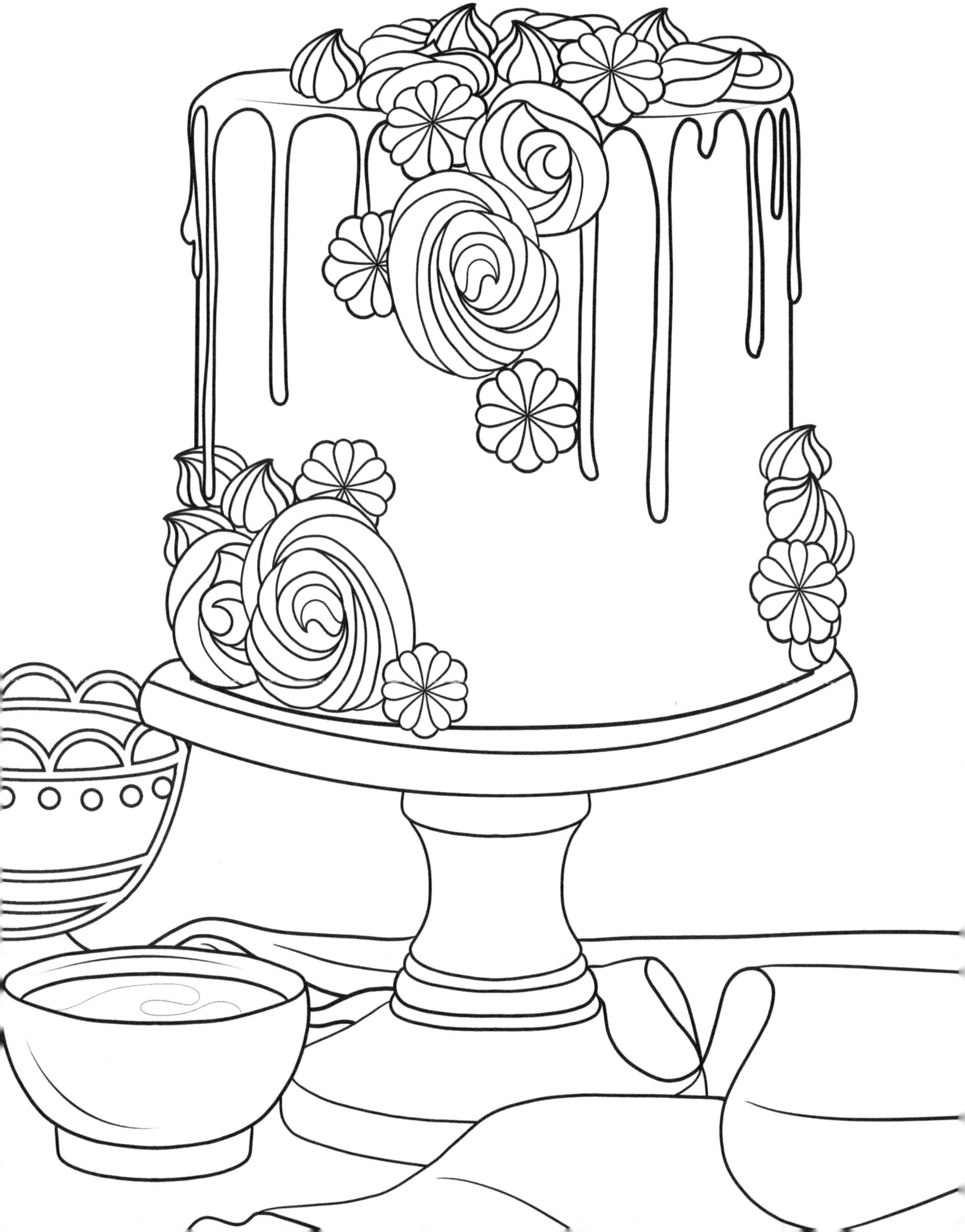

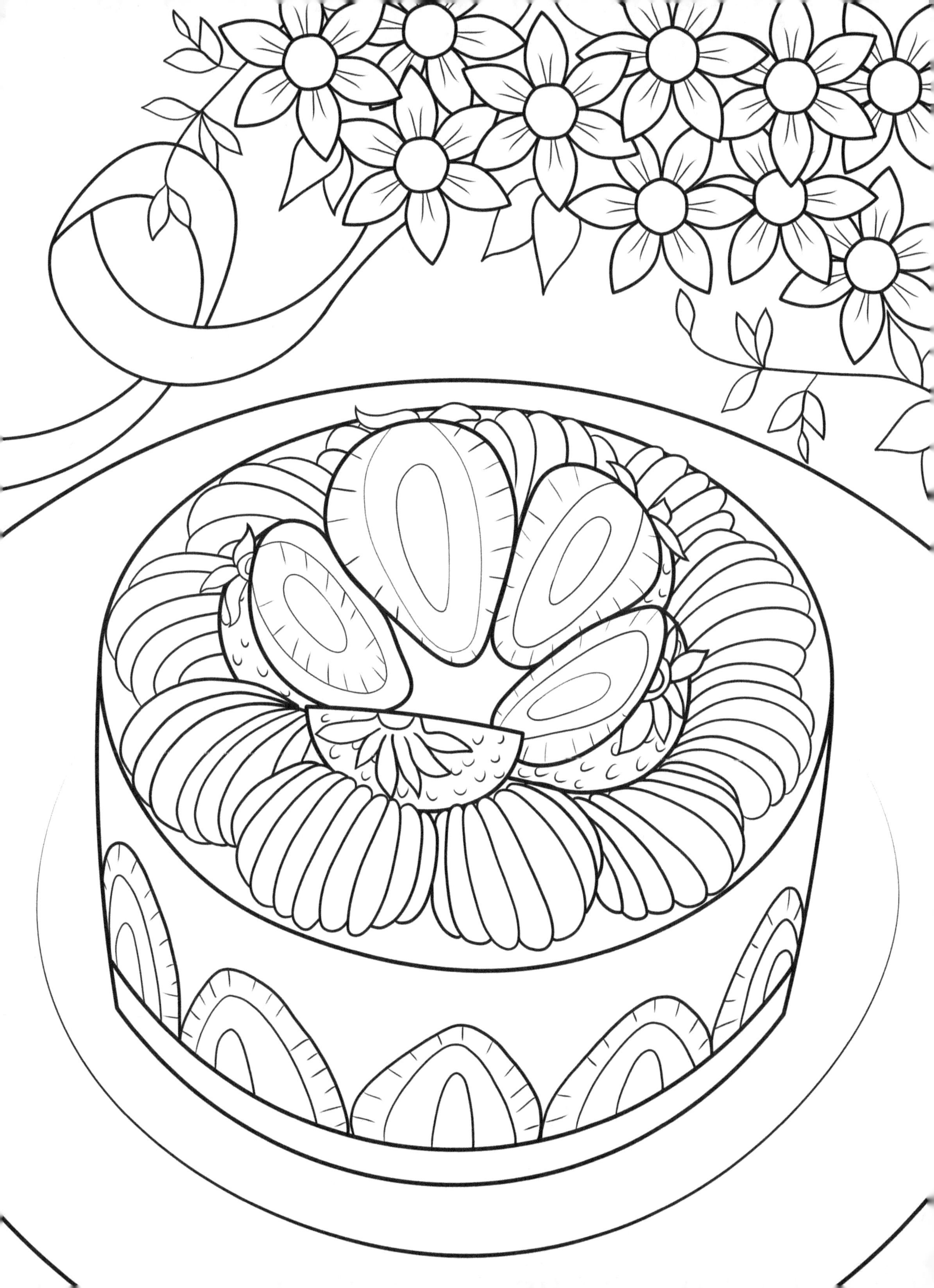

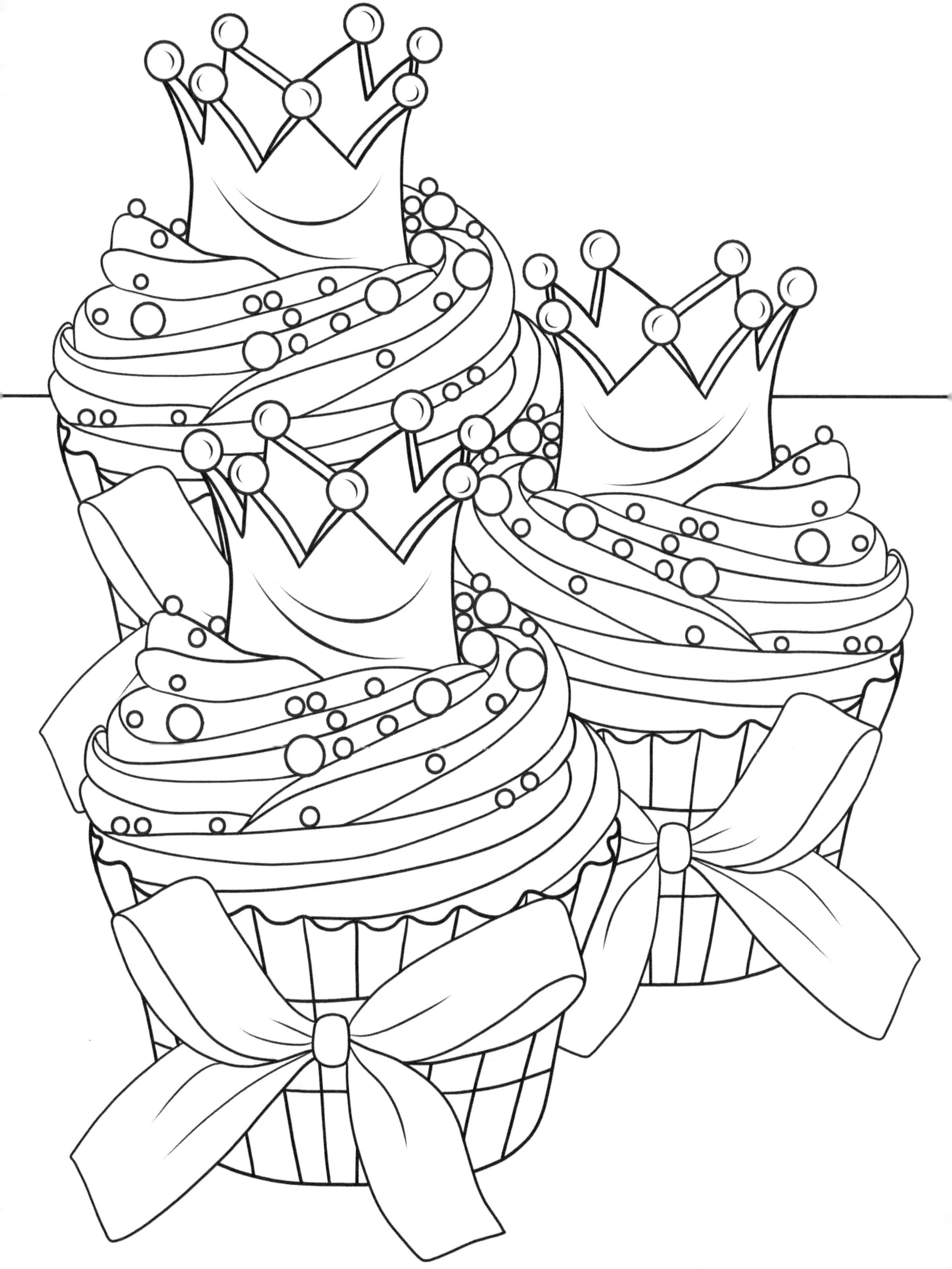

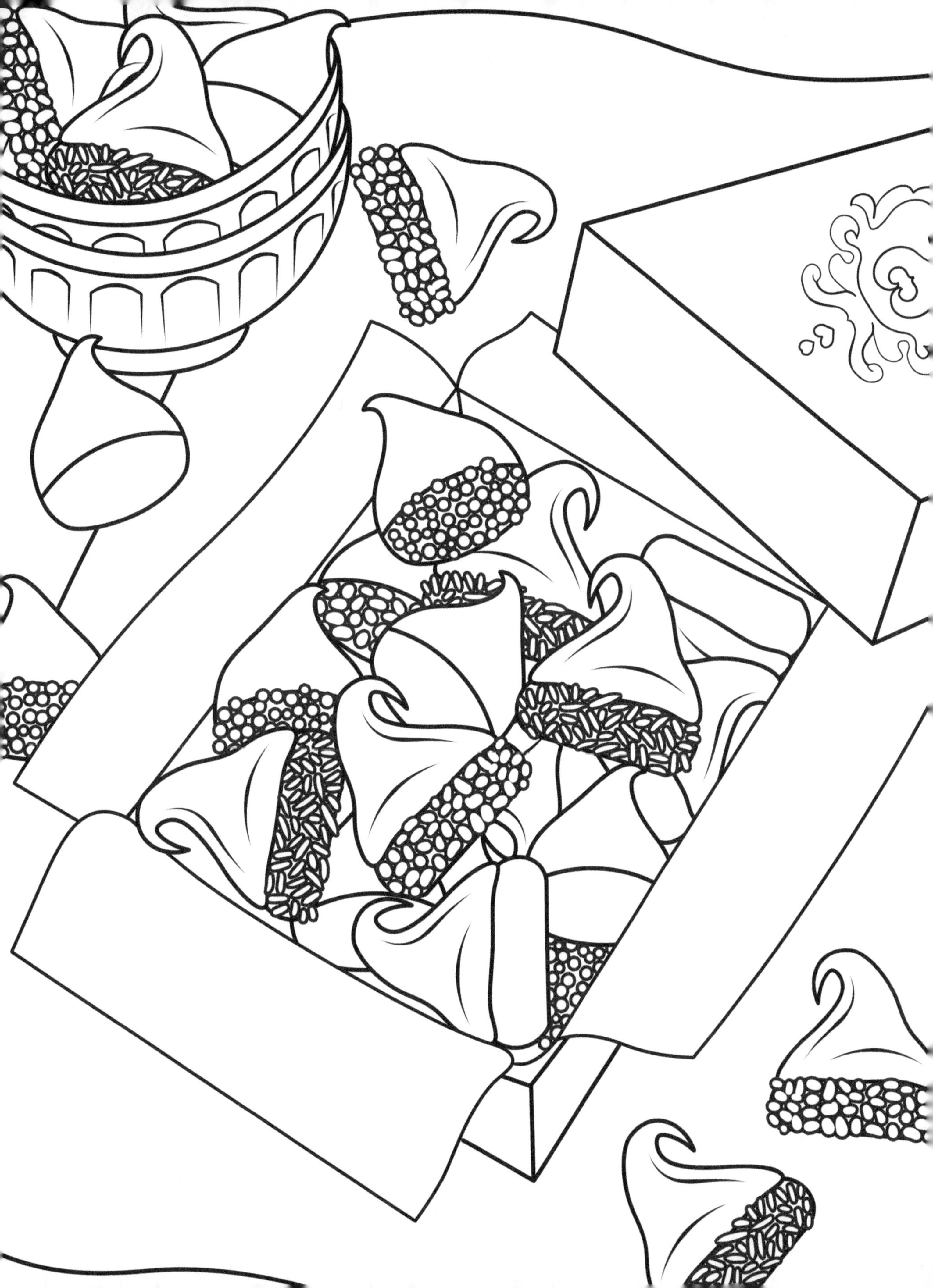

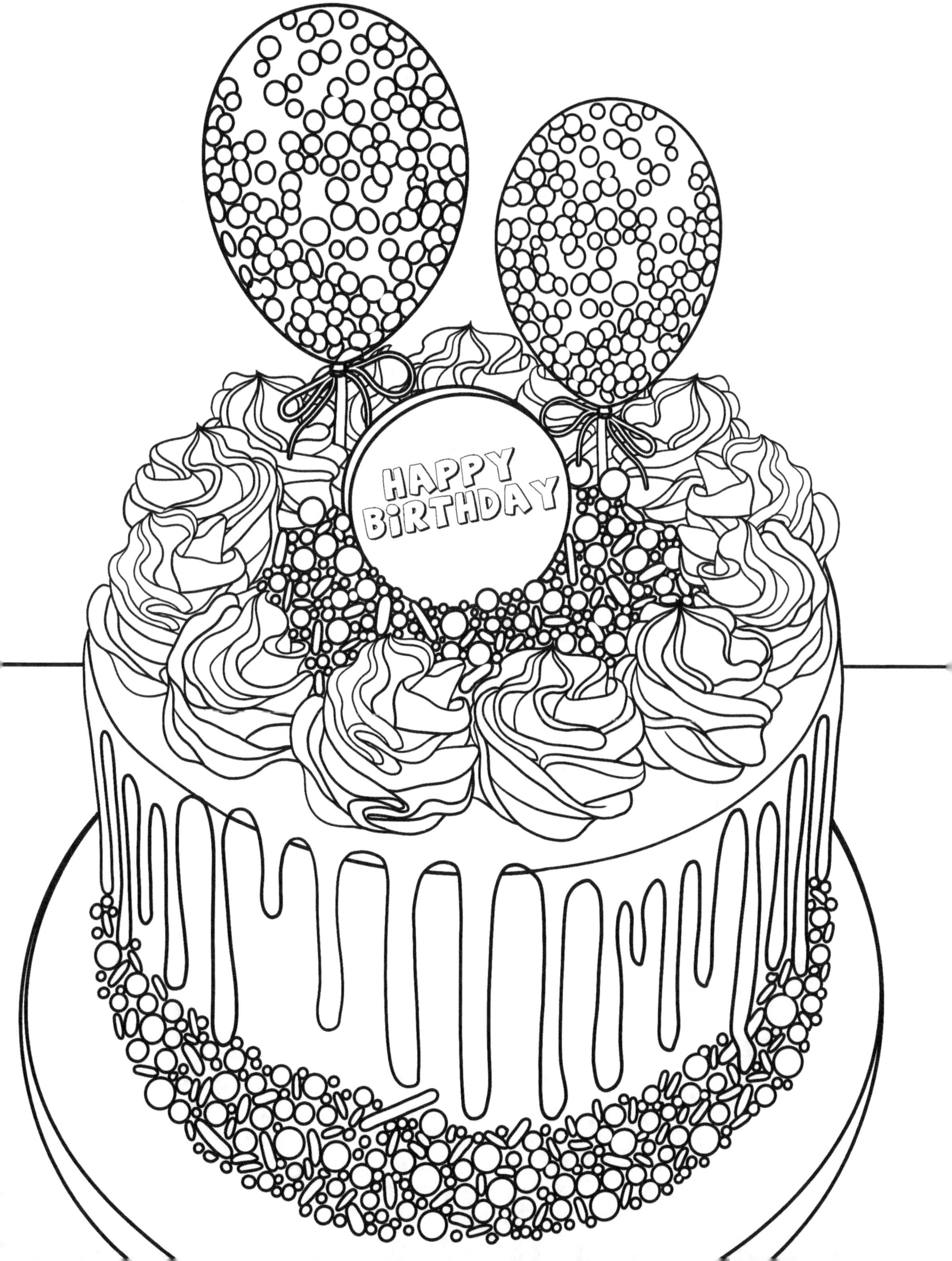
HAPPY
BiRTHDAY

www.ingramcontent.com/pod-product-compliance
Lightning Source LLC
Chambersburg PA
CBHW081448220526
45466CB00008B/2548
9798560035877